I0157835

SOUS LA DIRECTION DE **D. A. CARSON** ET **TIMOTHY KELLER**

L'Évangile, notre fondement

BGC LES BROCHURES DE LA
GOSPEL COALITION

Volume **1**

UN MINISTÈRE CENTRÉ SUR L'ÉVANGILE D. A. Carson et
Timothy Keller
UNE VISION THÉOLOGIQUE DU MINISTÈRE Collectif
LE PROJET DE DIEU Colin Smith

L'Évangile, notre fondement

© 2013   Publications Chrétiennes inc.
            230, rue Lupien
            Trois-Rivières (Québec) G8T 6W4

et

© 2013   Éditions Clé
            2, Impasse Morel
            69003 Lyon, France

Édition originale en anglais :
Gospel-Centered Ministry ; The Plan
© 2011 par The Gospel Coalition
Publié par Crossway, a publishing ministry of Good News Publishers

Traduit et publié avec permission

Tous droits réservés

« Éditions Impact » est une marque déposée de « Publications chrétiennes inc. »

Dépôt légal - 1er trimestre 2013

ISBN : 978-2-89082-168-2

Dépôt légal :   Bibliothèque et Archives nationales du Québec
                  Bibliothèque et Archives Canada

En Europe, ce livre est publié aux Éditions Clé
ISBN : 978-2-35843-019-7

Sauf indications contraires, toutes les citations bibliques sont tirées de la version revue 1979 Louis Segond de la Société Biblique de Genève

Remerciements

Les Éditions Impact remercient la *Gospel Coalition* pour son initiative ainsi que les traducteurs et correcteurs qui ont participé à l'élaboration de cette collection.

Table des matières

Préface

Deux amis, Don Carson, professeur de Nouveau Testament à la *Trinity Evangelical Divinity School* à Chicago, et Tim Keller, pasteur de la *Redeemer Presbyterian Church* à Manhattan, sont à l'origine d'une idée dynamique qui a traversé non seulement les frontières géographiques, mais également les contours dénominationnels du christianisme évangélique. Cette idée a donné naissance à un mouvement appelé *The Gospel Coalition (TGC)*, qui représente aujourd'hui un réseau de pasteurs, de théologiens et de membres d'Églises qui partagent une même vision, énoncée dans les documents fondateurs (consultables sur www.seminaireevangile.com).

Ce mouvement regroupe des individus et ne cherche en aucun cas à se substituer aux unions d'Églises ou aux œuvres existantes. Il ne veut que promouvoir la centralité de l'Évangile avec ses implications pour la vie du croyant dans l'Église et la société.

Dans le même ordre d'idées, il nous a semblé utile de publier ces brochures rédigées par plusieurs membres du Conseil de

TGC ; elles expliquent et développent les documents fondateurs du mouvement.

Notre prière est que ces brochures puissent alimenter notre réflexion sur l'importance de la centralité de l'Évangile, et ainsi contribuer à l'affermissement et à l'édification de l'Église en francophonie.

– Mike Evans
Genève, novembre 2012

DONALD A. CARSON
est professeur de Nouveau Testament à la *Trinity Evangelical Divinity School* à Deerfield (Illinois), aux États-Unis, où il enseigne depuis 1978. Il a obtenu un doctorat en études du Nouveau Testament (PhD) à l'Université de Cambridge. Il est l'auteur de plusieurs livres dont *Le Dieu qui se dévoile*.

TIMOTHY KELLER
a étudié à Bucknell University, au Gordon-Conwell Theological Seminary, et au Westminster Theological Seminary. Il a obtenu un doctorat de théologie pratique (D.Min). Il est pasteur, à New York, de la Redeemer Presbyterian Church, qu'il a fondée en 1989. Il est l'auteur de plusieurs livres dont La raison est pour Dieu et Les idoles du cœur.

Un ministère centré sur l'Évangile

D. A. CARSON ET TIMOTHY KELLER

La *Gospel Coalition* rassemble des Églises et des chrétiens de plusieurs dénominations, unis non seulement par la foi dans l'Évangile biblique, mais également par la conviction qu'il faut aujourd'hui renforcer, encourager et promouvoir un ministère *centré* sur l'Évangile. Ce qui suit rappelle brièvement les raisons et les modalités de notre regroupement.

Il y a quelques années, plusieurs d'entre nous ont commencé à se réunir une fois par an. Ce groupe est devenu le Conseil de la *Gospel Coalition*. Les trois premières rencontres annuelles ont été consacrées à réfléchir sur deux sujets.

LE FONDEMENT CONFESSIONNEL

Nous avons d'abord cherché à identifier et à consolider ce qui est au centre du mouvement évangélique confessionnel. Nous croyons que nos Églises risquent, aujourd'hui, d'affadir, et même de perdre, certains aspects importants de la compréhension historique de l'Évangile biblique. Ces aspects incluent la nécessité de la nouvelle naissance, la justification par la foi seule, l'expiation par la propitiation et la mort substitutive de Christ. Nous avons cherché à maintenir et à consolider notre attachement à ces doctrines, non simplement en rappelant les grandes formulations théologiques du passé, mais également en nous replongeant constamment dans l'Écriture elle-même. Nous avons ainsi rédigé ensemble la *Confession de foi* de la *Gospel Coalition*.

Les catégories de théologie biblique

Plusieurs participants m'ont dit par la suite que rédiger la *Confession de foi* avait été l'une des expériences les plus édifiantes et les plus instructives qu'ils aient jamais vécues. Une cinquantaine de pasteurs expérimentés se sont penchés sur ce document et l'ont travaillé ligne par ligne. L'un de nos objectifs était de puiser autant que possible notre terminologie dans la Bible, plutôt que de faire trop rapidement appel au vocabulaire de la théologie systématique. La systématique est cruciale, et des termes tels que « Trinité », qui ne se trouvent pas dans l'Écriture, sont irremplaçables pour comprendre et exprimer des pans entiers de l'enseignement biblique. Néanmoins, pour maintenir l'unité entre nous et par souci d'être compris de tous nos lecteurs, nous nous sommes efforcés autant que possible d'exprimer notre foi en utilisant un vocabulaire issu de la théologie biblique plutôt qu'en nous appuyant sur la théologie systématique d'une tradition particulière.

Commencer par Dieu

Nous avons aussi pensé qu'il était important de commencer notre confession par Dieu plutôt que par l'Écriture. Cette approche est significative. Le siècle des Lumières avait une confiance exagérée dans la raison humaine. Certains courants de cette époque croyaient possible l'élaboration de systèmes de pensée établis sur des fondements inébranlables auxquels la raison humaine, sans aucune aide extérieure, ne pouvait qu'adhérer. Même si bon nombre d'évangéliques conservateurs l'ont souvent dénigré, ce siècle a néanmoins façonné leur mode de pensée. Le nombre de confessions de foi qui commencent par l'Écriture et non par Dieu en est la preuve. Par une exégèse considérée rigoureuse, elles partent de l'Écriture pour arriver à la doctrine, élaborant ainsi une théologie absolument sûre et fidèle à l'Écriture (aux yeux de leurs auteurs).

Cette approche de la connaissance présente l'inconvénient d'être essentiellement fondationnaliste. Elle ne prend pas en considération le degré d'influence de la culture environnante sur notre interprétation de la Bible, et elle suppose une distinction très rigide entre le sujet et l'objet. Elle ignore la théologie historique, la philosophie et l'analyse de la culture. Le fait de commencer par l'Écriture persuade le lecteur que l'exégèse des textes bibliques qui est proposée a abouti à un système de pure vérité doctrinale[1]. Cette approche peut entraîner orgueil et rigidité, car elle ne tient pas suffisamment compte de la déchéance de la raison humaine.

Nous estimons donc préférable de commencer par Dieu et de déclarer (avec Calvin, *Institution* I.1) que sans la connaissance de Dieu, nous sommes privés de la connaissance de nous-mêmes, du monde, et de quoi que ce soit. Si Dieu n'existait pas, nous n'aurions aucune raison de nous appuyer sur notre raison.

Évangélique

Dans cette aventure, nous avons également consacré du temps à la question : « Le terme " évangélique " est-il encore utile ? » Les arguments ne manquent pas pour répondre par la négative. En effet, au sein des Églises, cet adjectif est de plus en plus vidé de son contenu théologique. Il finit presque par désigner « tous ceux qui consentent à utiliser l'expression " né de nouveau " pour décrire leur expérience ». Et en dehors de l'Église, ce vocable revêt des connotations plus négatives que jamais.

Pourtant, ce terme décrit nos Églises et notre association. Pourquoi ? Nous sommes issus de différentes dénominations et traditions : baptiste, presbytérienne, épiscopalienne et charismatique, pour ne citer que les grands courants. Certes, nous ne pensons pas que les points qui nous divisent en matière de théologie et d'ecclésiologie soient sans importance. Ils façonnent nos ministères et nous différencient dans bien des domaines (certains diraient que nos approches sont « complémentaires », mais ce serait l'objet d'une autre étude). Nous sommes cependant unis par la conviction que ce qui nous rassemble – les composantes doctrinales essentielles de l'Évangile – est beaucoup plus important que ce qui nous divise. Cette conviction nous distingue de ceux qui pensent que le seul évangile digne d'être prêché est celui qui se focalise sur les éléments distinctifs de leur propre tradition. Ils ne considèrent pas leurs particularités confessionnelles comme « secondaires ». Elle nous différencie aussi de ceux qui ne définissent le mouvement évangélique qu'en termes sociologiques ou en fonction d'une expérience donnée, et qui refusent donc de faire d'une solide confession doctrinale le fondement de la communion fraternelle et de la coopération.

C'est pourquoi nous continuons d'utiliser l'adjectif « évangélique », si important, pour décrire notre groupe, en y ajoutant souvent le terme « confessionnel », qui indique notre attachement à un protestantisme évangélique défini par la richesse de sa vision théologique.

LA VISION DU MINISTÈRE

Toutefois, nous ne nous sommes pas unis seulement pour défendre des formulations évangéliques traditionnelles. Notre second but est de décrire, de soutenir, et d'incarner aujourd'hui un ministère centré sur l'Évangile.

Les changements dans notre monde

Bon nombre de jeunes responsables dans nos Églises sont pris de vertige devant les changements qu'ils constatent dans notre monde. Dans la génération précédente, la plupart des adultes, aux États-Unis, partageaient les mêmes intuitions morales, qu'ils soient croyants nés de nouveau, habitués des Églises, chrétiens de nom ou même incroyants. Tout cela a changé. Le sécularisme est devenu plus agressif et plus opposé au christianisme ; la société en général est plus grossière et le sens moral des jeunes diffère radicalement de celui de leurs parents, plus attachés à la tradition. Beaucoup ont qualifié cette nouvelle situation de « virage postmoderne », d'autres l'appellent modernité « tardive » ou même modernité « liquide ». La modernité a renversé l'autorité de la tradition et de la révélation, voire toute autorité hormis celle de la raison et de l'expérience personnelle. Pendant longtemps, des institutions relativement stables ont régi la société contemporaine. Les gens ancraient en grande partie leur identité dans la famille, dans leur communauté, dans leur métier ou dans leur vocation. Tout cela semble disparaître.

L'« acide » du principe moderne – l'ego autonome et individuel - semble avoir rongé toutes les identités stables. Mariage et famille, lieu de travail et déroulement de carrière, voisinage et civisme, politique et grandes causes – aucune de ces institutions ne demeure stable assez longtemps pour que les individus puissent s'appuyer sur elle. Maintenant, les gens mènent des vies morcelées ; ils ne se définissent plus en termes de rôles fondamentaux (par ex. chrétien[ne], père ou mère, avocat[e]). Leur identité évolue considérablement au fil des épisodes de leur vie, qui ne sont pas fortement rattachés les uns aux autres. Ils sont toujours prêts à changer de direction, à abandonner sans scrupule engagements et loyauté pour saisir la meilleure occasion - la plus avantageuse - qui se présente à eux.

Réagir aux changements dans notre monde

Autrefois, bon nombre de nos amis non croyants pouvaient comprendre la prédication et le ministère évangéliques traditionnels, même s'ils manifestaient leur désaccord ou leur indifférence. Mais depuis une quinzaine d'années, de plus en plus de gens réagissent avec une incompréhension profonde, voire avec indignation. Le monde évangélique américain se scinde en plusieurs courants, qui ont adopté des attitudes complètement différentes devant cette nouvelle situation culturelle. Au risque de simplifier à l'extrême, disons que certains ont tout simplement surélevé les murs de leur forteresse et continuent de faire ce qu'ils ont toujours fait, plus méfiants que jamais. D'autres ont milité en faveur d'une refonte complète de la doctrine du mouvement évangélique. Nous pensons que ces deux approches font fausse route et, pire encore, qu'elles font du tort à la cause de l'Évangile.

La prédication

Prenons un exemple. On constate, depuis quelques années, une forte tendance à abandonner la prédication textuelle ou exégétique de la Parole[2] au profit de ce qu'on appelle couramment la prédication « narrative ». Voici en gros l'explication avancée pour justifier ce changement :

> Nous vivons à une époque postmoderne, marquée par la disparition de la confiance dans le projet du siècle des Lumières et dans la certitude rationnelle concernant la « vérité ». Maintenant, les auditeurs sont donc plus intuitifs que logiques ; ils sont davantage touchés par des images et des récits que par des propositions et des principes. De plus, ils sont allergiques aux déclarations autoritaires. En conséquence, nous devons nous adapter aux sensibilités de notre époque, moins rationnelles, réfractaires à l'autorité et en quête perpétuelle de récits.

À notre avis, rejeter ainsi la prédication textuelle est une grave erreur. Dans certains milieux, en revanche, on réagit de la façon suivante : « Puisque les postmodernes n'aiment pas notre style de prédication, nous leur en servirons *encore davantage* ! » Ces personnes refusent d'admettre que l'utilisation conventionnelle de la prédication textuelle a souvent eu tendance à être assez abstraite, figée et sans rapport avec la vie. Il est également vrai que beaucoup de prédicateurs adeptes de la prédication textuelle traditionnelle préfèrent la « limpidité » d'une prédication fondée sur les épîtres à celle qui s'appuie sur les visions et les récits de l'Ancien Testament. Mais plus important encore, la prédication textuelle échoue si elle ne relie pas tous les textes, même les plus discursifs, au grand récit de l'Évangile et de la mission de Jésus-Christ.

La justice sociale et le ministère auprès des pauvres

La question de la justice sociale et du service en faveur des pauvres constitue un autre exemple. Beaucoup de jeunes leaders chrétiens, fervents défenseurs de la justice sociale, accusent les commentaires classiques d'Augustin, de Luther et de Calvin sur l'épître aux Romains d'être faux. Pour eux, Jésus n'a pas enduré la colère de Dieu sur la croix ; il a plutôt donné un exemple de service et d'amour, à l'opposé de la quête de pouvoir et de l'exploitation. Il a ainsi « défait les puissances » du monde. De leur point de vue, l'Évangile de la justification s'intéresse moins à réconcilier Dieu avec les pécheurs qu'à inclure les laissés-pour-compte dans le peuple de Dieu. En d'autres termes, ils estiment que si les chrétiens doivent sortir de leur zone de confort pour se mettre au service des malheureux et des marginaux du monde et prendre leur défense, il faut entièrement déconstruire la doctrine évangélique traditionnelle.

Tout cela inquiète à juste titre plusieurs responsables chrétiens conservateurs, mais certains concluent à tort que ceux qui s'engagent résolument au service des pauvres doivent nécessairement abandonner la doctrine chrétienne traditionnelle. Aucune de ces deux tendances n'a raison. Inutile de modifier la doctrine chrétienne traditionnelle pour souligner l'importance du souci du malheureux[3]. Jonathan Edwards, qu'on peut difficilement qualifier de « libéral », a déclaré : « Où trouve-t-on dans la Bible un commandement exprimé en termes plus forts et sur un ton plus grave, urgent et péremptoire, que celui de donner au pauvre[4] ? » Pour Edwards, l'intérêt porté au pauvre s'enracine non seulement dans la doctrine de la création et de l'*imago Dei* mais également dans la mort substitutive de Christ et la justification par la foi seule.

Puisque Jésus a dû mourir pour apaiser le courroux divin, nous savons que Dieu est un Dieu de justice ; nous devrions donc être très sensibles aux droits des pauvres dans notre entourage. Ils ne doivent pas être maltraités sous prétexte qu'ils ne détiennent aucun pouvoir économique. Et parce que nous étions nous-mêmes en faillite spirituelle devant Dieu et que nous avons reçu les richesses de Christ de façon imméritée, nous ne devrions jamais toiser le malheureux et nous sentir supérieurs à ceux qui sont en faillite économique. Nous devrions être prêts à donner de notre argent même au « pauvre qui ne le mérite pas », car *nous* sommes des pauvres sur le plan spirituel, qui bénéficient de la compassion gratuite et imméritée de Dieu. Edwards puise dans les doctrines évangéliques classiques pour défendre puissamment et inlassablement le service auprès des démunis[5].

Un ministère centré sur l'Évangile aujourd'hui

La *Gospel Coalition* est unie par la conviction qu'il ne faut pas ignorer le contexte ou la situation particulière dans lesquelles nous nous trouvons. Nous devons réfléchir sérieusement à notre culture pour que notre prédication de l'Évangile ait une incidence sur elle et l'atteigne. C'est pourquoi nous avons développé *Une vision théologique du ministère*, qui conclut que l'Évangile doit :

> [ ] donner naissance à des Églises caractérisées par une prédication profonde et qui nous engage quant à son contenu théologique, une évangélisation et une apologétique dynamiques ; il favorisera aussi la croissance des Églises et l'implantation de nouvelles Églises. Celles-ci insisteront sur la repentance,

le renouvellement personnel et une vie sainte. Parallèlement, dans les mêmes assemblées, on notera une participation aux structures sociales de la vie courante et à la culture en général - dans le domaine des arts, des affaires, de la recherche et des gouvernements. Tous les membres des Églises seront appelés à constituer une communauté chrétienne percutante, à partager leurs richesses et leurs ressources, à faire de la place pour les pauvres et les laissés-pour-compte. Toutes ces priorités se combineront harmonieusement et se renforceront mutuellement dans chaque Église locale.

Au sein de la *Gospel Coalition*, nous croyons qu'il faut toujours promouvoir l'Évangile, et qu'une façon irremplaçable de le faire est de montrer au monde et à l'Église la puissance d'un ministère centré sur l'Évangile. Le meilleur moyen de définir et de défendre l'Évangile est de l'aimer, d'y croire, de l'incarner et de le propager. Dans notre *Confession de foi*, dans notre *Vision théologique du ministère* et dans notre *Préambule*, intitulé « L'Évangile pour la vie tout entière », nous développons les caractéristiques essentielles de ce que doit être un ministère centré sur l'Évangile dans la culture occidentale contemporaine.

Au cours des trois premières années de notre cheminement en commun, nous avons cherché à unir un groupe de personnes diverses autour du centre qu'est l'Évangile. Nos rencontres ont été stimulantes et passionnantes, parce qu'elles n'étaient pas dominées par une tradition théologique particulière ou par quelques personnalités dominantes. En consacrant du temps à ces questions, nous avons développé une confiance mutuelle et avons appris à croître dans l'unité de cœur et d'esprit.

UN MINISTÈRE PROPHÉTIQUE À PARTIR DU CENTRE

Plus récemment, la *Gospel Coalition* est entrée dans une nouvelle phase de son ministère, dont les aspects les plus visibles sont une conférence nationale, un site web et le réseau de la coalition (*The Gospel Coalition Network*). Mais ce ne sont là que des moyens d'exercer un ministère prophétique à partir du centre. Le monde évangélique est plus imposant et plus incohérent que jamais. Comme nous l'avons fait remarquer, l'une des principales causes de cette situation est le changement rapide au sein de la culture occidentale dans laquelle nous vivons. On pourrait même avancer que le ministère s'exerce dans un environnement plus difficile qu'à l'époque du paganisme gréco-romain, dans la mesure où il est postchrétien et non préchrétien. Devant ce défi, l'Église se morcelle et se fragmente. On constate au moins trois types de réactions, que James Hunter s'est attaché à décrire. Certains groupes mettent surtout en avant l'importance de « rester purs », d'autres l'urgence de se « défendre », et d'autres encore la nécessité de « s'adapter[6]».

Les réactions préconisant la pureté avant tout s'observent parmi les chrétiens et les Églises qui estiment que nous n'avons pas d'incidence réelle sur la culture et que tous les efforts déployés pour l'influencer ne font que nous souiller et nous compromettre. L'attitude « défensive », pour Hunter, fait référence aux croyants qui pensent que nous pouvons faire évoluer la culture par la politique ou en prenant le contrôle des institutions dominantes et en usant de leur pouvoir. Quant au souci extrême d'« adaptation », il désigne de nombreuses Églises « émergentes » ou grandes Églises de plusieurs milliers de membres (les fameuses *mega-churches*), qui estiment que nous pouvons transformer la culture en devenant plus compatissants, moins combatifs, plus sensibles au contexte qui est le nôtre ; ainsi, pense-t-on, les Églises attireront assez de gens capables d'exercer une influence sur la culture. Ironie du sort, toutes ces approches sont encore trop influencées par la « chrétienté » du passé. Même le parti « puriste », avec sa critique virulente de la « chrétienté » au sens large, ressemble à un homme tellement décidé à ne *pas* ressembler à son père qu'il ne peut échapper à l'influence et au contrôle de ce dernier. Que signifie « être prophétique à partir du centre » ? Il s'agit de centrer nos Églises sur l'Évangile, ce qui entraîne, à plusieurs égards, un certain équilibre qui fait défaut aux autres approches. Ne soyons ni séparatistes ni triomphalistes dans nos rapports avec la culture. Les croyants (et non les Églises locales en tant que telles) devraient tenter à la fois d'imprégner les anciennes institutions culturelles *et* de créer des institutions et des réseaux nouveaux et innovants qui agissent pour le bien de tous, sur la base d'une compréhension chrétienne de la vie.

Dans notre communication de l'Évangile, nous ne devrions ni passer sous silence les récits culturels fondateurs, ni simplement changer l'emballage de notre message au nom de la « contextualisation ». Nous devrions prendre fermement position pour le caractère irremplaçable de l'Église locale, qui a pour mission d'évangéliser et de faire des disciples. Mais nous devrions aussi encourager les chrétiens à agir dans le monde en tant que sel et lumière. Nous croyons que toutes ces conceptions de la vie chrétienne procèdent d'une juste compréhension de l'Évangile pour la vie tout entière.

Peut-être que notre insistance sur la priorité de l'Évangile de Jésus-Christ, au premier abord, ne semble pas justifiée, notamment aux yeux de ceux qui ont un autre point de vue sur la signification même de l'« Évangile ». Au moins deux conceptions réductrices de ce concept circulent actuellement. Certains considèrent que l'Évangile est une partie importante mais relativement petite de la Bible. D'autres pensent que l'Évangile est ce qui nous ouvre les portes du royaume et nous « sauve », mais que les éléments bibliques qui transforment vraiment la vie sont plutôt associés à des notions telles que la sagesse, la loi, la relation d'aide, les « paradigmes de narration » et la thérapie de groupe   mais pas à l'Évangile.

Notre réponse à ces conceptions comporte deux parties.

Une théologie biblique orientée vers Jésus et l'Évangile

Tout d'abord, la théologie biblique, bien comprise, s'oriente vers Jésus et l'Évangile. L'Évangile accomplit toute la révélation menant à lui-même et rassemble en lui tous les fils de la pensée biblique. Il existe bien sûr des courants de théologie biblique irresponsables et trompeurs, tout comme il en existe dans la théologie systématique. Soyons clairs : nous ne voulons surtout pas prôner les avantages de l'une de ces deux disciplines tout en soulignant les faiblesses de l'autre car, bien exercées, elles sont toutes deux nécessaires pour comprendre fidèlement la Bible et vivre en conformité avec elle[7]. Dans leurs meilleures expressions, ces deux disciplines s'efforcent d'être sensibles aux différents genres littéraires de l'Écriture, sans négliger les diverses manières dont ils exercent leur force de persuasion (comparer par exemple les textes juridiques, narratifs et sapientiaux).

Cela dit, on peut affirmer que, de façon générale, la théologie systématique se penche sur des questions *intemporelles*. Par exemple : Quels sont les attributs de Dieu ? Quelles sont les conséquences de la croix ? Qu'est-ce que le péché ? Comme elle s'efforce de synthétiser l'enseignement de l'ensemble de l'Écriture et d'interagir avec les questions les plus vastes, la théologie systématique se sert de catégories qui transcendent les usages particuliers des différents livres et écrivains bibliques. Par exemple, la théologie systématique parle de la doctrine de la justification, tout en reconnaissant que le vocabulaire de la justification n'a pas exactement le même rôle chez Matthieu et chez Paul ; elle parle aussi de la doctrine de l'élection divine, tout en rappelant que le sens de l'expression varie également d'un écrivain biblique à un autre.

En d'autres termes, les mots et les catégories employés par la théologie systématique recoupent souvent le langage biblique *sur le plan formel*, bien que la signification précise de ces mots corresponde, en réalité, à l'usage d'un seul écrivain biblique. Par ailleurs, la question « Quels sont les attributs de Dieu ? » est à la fois claire et importante ; cependant, aucun livre biblique ne fait référence ouvertement aux « attributs » de Dieu. Tous les lecteurs d'ouvrages de théologie systématique sont familiers de ces réalités.

La théologie biblique, au contraire, s'intéresse surtout à des questions qui se focalisent sur les contributions et les thèmes d'un livre ou d'un corpus particuliers, situés sur la ligne du temps de l'histoire de la rédemption. Dans la mesure du possible, elle utilise les catégories qu'elle trouve dans le matériau biblique lui-même. Nous nous posons ainsi des questions de deux types : (1) Quels sont les thèmes de la Genèse (ou de l'Ecclésiaste, de Luc, de l'épître aux Romains) ? Comment le livre s'organise-t-il ? Que nous enseigne-t-il sur les sujets qu'il aborde ? Que nous dit et nous apprend, par exemple, Ésaïe sur Dieu ? (2) Comment ces thèmes s'intègrent-ils dans la trame historique de la Bible, à des moments particuliers de l'histoire de la rédemption, et participent-ils au déroulement de la révélation qui aboutit à Jésus-Christ ? Quels sont les types qui se développent, les trajectoires qui remontent à la création et conduisent à Jésus et à l'achèvement de toutes choses ?

Les membres du Conseil de la *Gospel Coalition* souhaitent encourager une lecture et une prédication bibliques qui mettent ces trajectoires en relief, de sorte que les chrétiens puissent réaliser qu'une lecture fidèle et éclairée de l'Écriture suit l'évolution des modèles récurrents et des promesses de la Bible pour nous conduire à Jésus et à son Évangile. Ainsi, nous ne pouvons pas étudier ce que la Genèse dit de la création comme s'il s'agissait d'une simple information, d'une indication du bien-fondé de la responsabilité écologique, ou d'une explication de notre existence corporelle, même si ces choses sont vraies et ont une certaine importance. Dans la Genèse, la création fonde la responsabilité du porteur de l'image de Dieu à l'égard de Dieu et plante le décor dans lequel s'inscrivent l'anarchie et l'idolâtrie de Genèse 3 – chapitre qui, à son tour, joue un rôle fondamental dans le scénario de la Bible *tout entière*.

En fin de compte, l'espoir de la race humaine condamnée réside dans la postérité de la femme, cette postérité qui vient et œuvre à une nouvelle création, qui culmine dans les nouveaux cieux et la nouvelle terre. Cela dit, en Genèse 1 et 2 déjà, le symbolisme du temple est lié à la description de la création et de son jardin. Ainsi apparaît un fil conducteur qui traverse toute la Bible : celui du tabernacle et du temple - avec leur système sacerdotal et leurs sacrifices -, qui passe par la destruction du premier temple à la veille de l'exil, puis par la construction, des décennies plus tard, d'un second temple, pour aboutir à Jésus, qui se présente lui-même comme le temple, le lieu de rencontre par excellence entre Dieu et les êtres humains pécheurs (Jn 2.19-22). Une trajectoire semblable présente l'Église comme le temple de Dieu. Dans la vision finale, la « nouvelle Jérusalem » ne contient pas de temple, car le Seigneur Dieu Tout-Puissant et l'Agneau constituent son temple (Ap 21.22). Entre-temps, la Bible revient sur le symbolisme inhérent au jardin d'Éden (Ge 2) et l'utilise dans la vision finale – mais seulement après que Christ a lui-même traversé un jardin complètement différent, celui de Gethsémané, afin de nous garantir l'entrée dans un jardin bien meilleur. Il serait facile de suivre ces lignes et beaucoup d'autres encore, qui s'entrecroisent pour former une trame magnifique des desseins divins, nous conduisant à Jésus-Christ et à son Évangile.

Cela nous amène à la deuxième partie de notre réponse à ceux qui ont une vision tronquée de l'Évangile.

La vie et la pensée chrétiennes ont leur source en Jésus et dans son Évangile

Non seulement l'Évangile de Jésus-Christ est le point de convergence de toutes les trajectoires de l'Écriture mais, en plus, toute vie et toute pensée chrétiennes, sous les termes de la nouvelle alliance, émanent de ce que Jésus a accompli. Cette bonne nouvelle n'affirme pas seulement que Dieu justifie des pécheurs pour que leur statut soit en règle devant lui ; elle ajoute qu'il nous régénère et nous établit dans son royaume salvateur. L'Évangile s'intéresse à bien plus qu'à notre position juridique devant Dieu, car il est la puissance de Dieu qui opère le salut (Ro 1.16) et une transformation complète. Tout résulte de la mort et de la résurrection de Jésus ; tout est rendu efficace par l'Esprit qu'il lègue à l'être humain ; tout se déroule de la manière dont Dieu lui-même a conçu ce grand salut.

Les motivations qui sous-tendent l'éthique chrétienne sont particulièrement révélatrices. Nous pardonnons aux autres parce que nous avons nous-mêmes été pardonnés (Mt 6.12-15 ; Mc 11.25 ; Col 3.13). Nous marchons humblement parce que personne d'autre que notre Sauveur n'a jamais témoigné autant d'humilité qu'il ne l'a fait en renonçant à ses prérogatives divines et en mourant à notre place (Ph 2.3-8). Nous désirons ardemment vivre l'amour qui existe entre les personnes de la Divinité, car c'est par amour que le Père a ordonné que tous doivent honorer le Fils comme ils honorent le Père, et c'est aussi par amour pour le Père que le Fils est allé jusqu'à la croix pour accomplir la volonté de son Père (Jn 5.20,23 ; 14.30-31). C'est encore l'Évangile qui nous donne, dans le lien entre Christ et l'Église, le modèle suprême dont doit s'inspirer la relation entre mari et femme (Ép 5.22-33). Nous avons soif de la sainteté sans laquelle nul ne verra le Seigneur, parce que le Saint n'a pas simplement réglé la question de notre statut devant son Père mais est aussi à l'œuvre pour nous sanctifier (Hé 12.14 ; Ph 2.12-13).

Comme l'Évangile de Jésus-Christ triomphe précisément de toute la méchanceté détestable de notre idolâtrie variée et de nos transgressions, nous avons soif de vivre comme Jésus a vécu, lui notre Sauveur et Seigneur. Sur le plan individuel, familial et social, nous voulons mener une vie différente dans notre monde (Ga 5.16-26 ; Ép 4.17–6.18). Nous apprenons l'obéissance par la souffrance, parce que notre Chef a passé par ce chemin avant nous (Hé 5.8 ; 12.1-4). Ces thèmes et bien d'autres exigent qu'on les décortique soigneusement du haut de la chaire et dans les réunions d'étude biblique. Il n'est pas étonnant que la proclamation de cet Évangile aux nombreux effets transformateurs soit au centre de notre vie rachetée par le sang de Christ. En somme, le ministère centré sur l'Évangile est un mandat biblique. C'est la seule forme de ministère qui, simultanément, aborde le besoin humain tel que Dieu le voit, poursuit et étend l'œuvre évangélique accomplie à d'autres époques et dans d'autres cultures, et met au centre ce que Jésus lui-même a estimé central.

NOTES

1. Voir D.A. Carson, *The Gagging of God: Christianity Confronts Pluralism*, Grand Rapids, Zondervan, 1996, p. 61-64.

2. NDE : La prédication dite textuelle (ou exégétique) est celle qui s'appuie explicitement sur le texte biblique et le met en avant en l'expliquant et en l'appliquant. Elle porte souvent (mais pas toujours) sur un texte biblique principal (des textes secondaires peuvent également être évoqués). Elle se présente parfois (mais pas toujours) dans le cadre d'une série de messages à partir d'un même livre biblique.

3. Voir Tim Keller, « The Gospel and the Poor » », *Themelios* 33.3, 2008, p. 8-22, accessible sur http ://thegospelcoalition.org/publications.

4. Jonathan Edwards, « Christian Charity: or, The Duty of Charity to the Poor, Explained and Enforced », dans *The Works of Jonathan Edwards*, revu et corrigé par Edward Hickman, 1834 ; réimpression Carlisle, PA, Banner of Truth, 1974, vol 2 p. 164.

5. Voir en particulier le traité « Christian Charity », de Jonathan Edwards, qui avance deux raisons à cette œuvre. La première est « l'état général et la nature de l'humanité [...]. Les hommes sont faits à l'image de Dieu et, à ce titre, ils méritent notre amour [...]. Nous sommes faits pour vivre en société et unis les uns aux autres. Dieu nous a créés avec une nature telle que nous ne pouvons pas subsister sans nous aider les uns les autres » (vol 2 p. 164). Edwards pose ainsi le fondement intellectuel de la théologie de la création : tous les êtres humains sont faits à l'image de Dieu et ont de la valeur ; la création est bonne ; les humains sont faits pour jouir du *shalom* dans l'interdépendance. Edwards avance ensuite une deuxième raison pour défendre la justice sociale : nous sommes les bénéficiaires du sang de Christ, qui bien que « riche » s'est fait pauvre pour que, par sa pauvreté, nous devenions riches. Edwards utilise l'Évangile pour toucher les « affections » (les sentiments) de ses lecteurs : « Quelle tristesse que ceux qui espèrent avoir part aux richesses de Christ ne puissent donner quelque chose sans rechigner pour soulager un voisin pauvre ! [...] Quelle attitude inconvenante de notre part que de manquer de bonté, nous qui ne vivons que de la bonté de Dieu ! Que serait-il advenu de nous si Christ s'était montré aussi avare de son sang et peu disposé à le verser que

de nombreuses personnes le sont de leur argent ou de leurs biens ? Ou s'il s'était dispensé de mourir pour nous, comme beaucoup de gens se dispensent fréquemment d'être charitables à l'égard de leurs voisins ? » (vol 2 p. 165). On pourrait accuser Edwards de culpabiliser ses lecteurs. Cependant, il ne dit pas : « Parce que vous ne secourez pas les pauvres, Dieu vous rejettera », mais : « Puisque Jésus a été rejeté à votre place pour que Dieu puisse vous accepter maintenant, comment pouvez-vous rejeter ces gens ? » Pour reprendre l'expression de Stephen Charnock, c'est rendre les gens « malheureux par compassion » en se servant de la joie et de l'amour pour créer chez eux un humble sentiment de culpabilité et un changement d'attitude.

6. James Davison Hunter, *To Change the World: The Irony, Tragedy, and Possibility of Christianity in the Late Modern World*, Oxford, Oxford University Press, 2010.

7. Voir D.A. Carson, « Théologie systématique et théologie biblique », dans le *Dictionnaire de Théologie Biblique*, publié sous la direction de T. Desmond Alexander et Brian S. Rosner, Charols, Excelsis, 2006, p. 98-115.

Une vision théologique du ministère

COLLECTIF

Ce texte est l'un des documents fondateurs rédigés par la *Gospel Coalition*. Il fut présenté en mai 2007 lors d'une conférence à la *Trinity Evangelical Divinity School*, près de Chicago. L'objectif des organisateurs de cette rencontre était d'encourager les participants à mettre l'Évangile au centre des préoccupations de l'Église d'aujourd'hui.

Il ne s'agit pas d'un exposé de nos croyances doctrinales, mais plutôt d'une déclaration d'intention qui porte sur la manière dont nous envisageons de nous acquitter du ministère chrétien et d'interagir avec notre culture, en toute fidélité biblique et théologique.

COMMENT DEVRIONS-NOUS RÉAGIR FACE À LA CRISE CULTURELLE DE LA VÉRITÉ DANS NOS SOCIÉTÉS POSTMODERNES ? (LA QUESTION ÉPISTÉMOLOGIQUE)

Depuis le siècle des Lumières, il était largement admis que la vérité, exprimée par des mots qui correspondent substantiellement à la réalité, existe réellement et qu'elle peut être connue. Les penseurs des Lumières considéraient que la raison humaine est capable de connaître objectivement la vérité de façon autonome. Plus récemment, des penseurs postmodernes ont remis en cause ces assertions, prétendant que nous ne sommes pas objectifs dans notre recherche de la vérité, mais que nous interprétons l'information à travers le filtre de nos expériences personnelles, de nos centres d'intérêt, de nos émotions, de nos préjugés culturels, des limites du langage, et des communautés auxquelles nous appartenons. Selon le postmodernisme, toute prétention à l'objectivité est arrogante et aboutit inévitablement à des conflits entre les communautés qui partagent des opinions différentes sur la question de la vérité. Cette arrogance expliquerait d'ailleurs en partie bon nombre des injustices et des guerres qui ont marqué notre ère moderne. Toutefois, la réponse postmoderne aux Lumières présente un autre danger. En effet, ses défenseurs les plus ardents, qui refusent l'idée que l'on puisse connaître objectivement la vérité, proposent un pluralisme subjectif qu'ils considèrent plus humble et « tolérant », et qui inclut une grande diversité d'opinions. Cependant, un tel pluralisme ressemble à un terrain marécageux sur lequel il est impossible de fonder solidement « la foi transmise aux saints une fois pour toutes ». Dans cette optique postmoderne, il n'y a pas de place pour la vérité correspondant à la réalité ; il n'y a plus qu'un éventail de vérités façonnées de manière subjective. Comment devons-nous réagir face à cette crise culturelle de la vérité dans nos sociétés postmodernes ?

1. Nous affirmons que la vérité correspond à la réalité. Nous croyons que le Saint-Esprit qui a inspiré les paroles

des apôtres et des prophètes habite aussi en nous, qui avons été créés à l'image de Dieu. Par conséquent, nous sommes capables de recevoir et de comprendre les paroles de l'Écriture révélées par Dieu, et d'accepter le fait que les vérités de l'Écriture correspondent à la réalité. Les affirmations de l'Écriture sont vraies - précisément parce qu'elles sont des déclarations de Dieu et qu'elles correspondent à la réalité - même si notre connaissance de ces vérités (et notre capacité de les présenter de manière convaincante) est nécessairement (et toujours) incomplète. Le siècle des Lumières, par sa croyance en la connaissance entièrement objective, a fait de la raison humaine autonome une idole. Toutefois, le refus de la possibilité d'une connaissance purement objective ne doit pas mener au rejet de la vérité correspondant objectivement à la réalité, et ce, même si nous ne pouvons jamais connaître une telle vérité sans une certaine part de subjectivité (*Confession de foi*, article 2).

2. Nous affirmons que la vérité est communiquée par l'Écriture. Nous croyons que le contenu de l'Écriture est essentiellement propositionnel et que toutes ses affirmations sont totalement vraies et revêtues d'autorité. Cela dit, la vérité de l'Écriture ne peut être formulée exhaustivement au moyen d'une série de propositions. Elle se décline dans les genres littéraires divers que sont le récit, la métaphore et la poésie, que l'on ne peut réduire à des propositions doctrinales (ce qui n'empêche pas ces genres de communiquer la volonté et la pensée de Dieu dans le but de nous transformer en son image).

3. Nous affirmons que la vérité est correspondance de vie avec Dieu. La vérité n'est pas seulement une correspondance théorique, mais également une relation d'alliance. Il ne suffit pas de connaître la révélation biblique, il faut aussi la vivre (De 29.29). La Bible vise à produire en nous la sagesse – une vie totalement soumise à la réalité de Dieu.

La vérité fait donc correspondre notre vie tout entière au cœur, aux paroles et aux actions de Dieu, par le moyen de la Parole et de l'Esprit. La suppression de la nature propositionnelle de la vérité biblique porte sérieusement atteinte à notre capacité de maintenir, de défendre et d'expliquer l'Évangile. À l'inverse, réduire la vérité à une série de propositions affaiblit non seulement notre appréciation du Fils incarné comme étant le chemin, la vérité et la vie, mais encore le pouvoir expressif du récit et de l'histoire racontée, et l'importance de la vérité en tant que correspondance véritable de vie avec Dieu.

4. Comment cette vision doit nous façonner.

- Nous adoptons une conception de la vérité qui reflète une théorie de la correspondance « épurée», moins triomphaliste que celle que l'on trouvait chez les évangéliques du passé. Cependant, nous rejetons aussi une conception de la vérité qui considère celle-ci comme rien de plus que le langage cohérent d'une communauté de foi particulière. Ainsi, dans un esprit d'humilité, nous maintenons le principe du *sola Scriptura*.

- Bien que la vérité s'énonce sous forme de propositions, il ne s'agit pas de propositions auxquelles il suffit de croire, mais qu'il faut recevoir dans un esprit d'adoration et mettre en pratique avec sagesse. Cet équilibre façonne notre compréhension de la nature du disciple et de la prédication. Bien que nous cherchions à susciter une passion pour la saine doctrine, nous savons que la croissance chrétienne ne résulte pas uniquement d'un transfert cognitif d'information ; elle s'opère dans la mesure où la vie tout entière est façonnée par les pratiques chrétiennes au sein de la communauté, notamment par la prière, le baptême, la sainte Cène, la communion fraternelle et le ministère public de la Parole.

- Même lorsqu'elle est exacte, notre connaissance théorique de la vérité de Dieu n'est que partielle, ce qui ne nous empêche pas de savoir avec certitude que ce que la Parole déclare est vrai (Lu 1.4). C'est par la puissance du Saint-Esprit que nous recevons les paroles de l'Évangile avec pleine assurance et entière conviction (1 Th 1.5).

COMMENT DEVRIONS-NOUS LIRE LA BIBLE ? (LA QUESTION HERMÉNEUTIQUE)

1. Lire toute la Bible « suivant son fil conducteur ». Lire la Bible suivant son fil conducteur, c'est discerner la trame narrative unique de la Bible que constitue l'Histoire divine de la rédemption (par ex. Lu 24.44), ainsi que les thèmes de l'Écriture (l'alliance, la royauté, le temple) qui la parcourent à toutes les étapes de l'Histoire et dans toutes les parties du canon, et qui culminent en Jésus-Christ. Dans cette perspective, l'Évangile se présente selon le schéma création, chute, rédemption, restauration. Il met en évidence le but du salut, à savoir une création renouvelée. Comme l'affirme notre *Confession de foi* (article 1), Dieu réalise providentiellement ses desseins bons et éternels de racheter un peuple pour lui-même et de restaurer sa création déchue, à la louange et à la gloire de sa grâce.

2. Lire toute la Bible « suivant ses thèmes ». Lire toute la Bible en fonction de ses thèmes, c'est repérer ses déclarations, ses avertissements, ses promesses et ses énoncés de vérité, et les classer selon des catégories de pensée (par ex. la théologie, la christologie, l'eschatologie) pour arriver à une compréhension cohérente de ce qu'elle enseigne de façon sommaire (par ex. Lu 24.46-47). Dans cette

perspective, l'Évangile se présente selon le schéma Dieu, péché, Christ, foi. Cette lecture met en lumière le moyen de salut, à savoir l'œuvre substitutive du Christ, et notre responsabilité de nous l'approprier par la foi. Ainsi que le précise notre *Confession de foi* à l'article 7, Jésus-Christ a agi comme notre représentant et substitut. Il l'a fait pour qu'en lui nous devenions justice de Dieu.

3. Comment cette lecture de la Bible nous façonne.

- Aujourd'hui, la plupart de ceux qui favorisent la première de ces deux façons de lire la Bible (mais pas tous), c'est-à-dire la lecture suivant son fil conducteur, mettent l'accent sur les aspects communautaires du péché et du salut. Ils voient dans la croix un exemple de service sacrificiel et une défaite des puissances de ce monde, non une substitution et une propitiation pour nos péchés. Curieusement, cette approche peut se révéler très légaliste. Au lieu d'inviter les gens à une conversion personnelle au moyen d'un message de grâce, les tenants de cette lecture les invitent à se joindre à la communauté chrétienne et à adopter le programme du royaume, c'est-à-dire ce que Dieu accomplit pour affranchir le monde. L'accent porte sur le christianisme comme style de vie au détriment du statut de racheté par le sang du Christ - statut reçu au moyen de la foi. Dans cette vision déséquilibrée des choses, il y a peu d'insistance sur une évangélisation et une apologétique vigoureuses, sur une prédication textuelle (« expository preaching »), et sur les marques et l'importance de la conversion/ nouvelle naissance.
- À l'inverse, les évangéliques du passé (pas dans leur totalité) avaient tendance à lire la Bible suivant ses thèmes. Cela produisait une lecture

plus individualiste, qui se focalisait presque exclusivement sur la conversion personnelle et sur ce qu'il faut faire pour avoir l'assurance d'accéder au ciel. La prédication qui en résultait, bien que fondée sur le texte biblique, était souvent moralisatrice et ne montrait pas comment tous les thèmes bibliques convergent et culminent en Christ et dans son œuvre. Selon cette vision déséquilibrée des choses, il y a peu ou pas d'accent sur l'œuvre de justice et de compassion en faveur des pauvres et des opprimés, et sur l'expression culturelle en tant que moyen de glorifier Dieu, que ce soit par les arts, les affaires, etc.

- Nous ne pensons pas que ces deux approches de la lecture de la Bible, dans leur expression la plus juste, soient contradictoires, même si, de nos jours, beaucoup tentent de les opposer. Nous pensons au contraire que les deux approches, lorsqu'elles sont bien comprises, sont essentielles en vue de favoriser l'acquisition d'une bonne compréhension de l'Évangile biblique. Cet Évangile est contenu dans la déclaration selon laquelle, par la mort et la résurrection de Jésus-Christ, Dieu est venu réconcilier des personnes avec lui-même, au moyen de sa grâce, et renouveler le monde entier par sa gloire et pour sa gloire.

QUELS RAPPORTS L'ÉGLISE DOIT-ELLE ENTRETENIR AVEC LA CULTURE AMBIANTE ? (LA QUESTION DE LA CONTEXTUALISATION)

1. Être une contre-culture. Nous voulons former une Église qui non seulement apporte son soutien aux chrétiens individuels dans leur marche avec Dieu, mais encore les façonne pour former la nouvelle société humaine

que Dieu crée par sa Parole et son Esprit (voir le point 3 de la question « Qu'est-ce qu'un ministère centré sur l'Évangile ? »).

2. Servir le bien commun. Il ne suffit pas que l'Église s'oppose aux valeurs de la culture dominante. Nous devons être une contre-culture pour le bien commun. Nous voulons être radicalement distincts de la culture ambiante et, à partir de cette identité distincte, nous sacrifier pour le service du prochain (et même de nos ennemis) et œuvrer à l'épanouissement des êtres humains dès ici-bas et pour l'éternité. C'est pourquoi nous ne considérons pas nos cultes publics comme offrant la meilleure occasion de contact avec les gens du dehors. Nous nous efforçons plutôt de nouer des relations avec notre prochain en œuvrant pour sa paix, sa sécurité et son bien-être, en l'aimant en paroles et en actes. Ce faisant, nous serons « sel » et « lumière » (en maintenant et en améliorant les conditions de vie, en montrant au monde la gloire de Dieu par notre façon de vivre, Mt 5.13-16). De même que les exilés juifs furent appelés à aimer le *shalom* de Babylone et à travailler en sa faveur (Jé 29.7), les chrétiens constituent, eux aussi, le peuple de Dieu « en exil » (1 Pi 1.1 ; Ja 1.1). Les citoyens de la cité de Dieu devraient être les meilleurs citoyens possibles de leur cité terrestre (Jé 29.4-7). Nous ne cultivons ni un optimisme ni un pessimisme excessifs à propos de notre influence culturelle, car nous savons qu'en marchant sur les traces de Celui qui a donné sa vie pour ses adversaires, nous serons persécutés – alors même que se manifeste notre impact social (1 Pi 2.12).

3. Comment ce rapport à la culture nous façonne.
    *   Nous croyons que toute expression de la foi chrétienne est nécessairement (et à juste titre) contextualisée, qu'elle s'inscrit, jusqu'à un certain point, dans une culture humaine particulière. Il

n'existe pas d'expression du christianisme qui soit universelle et dépourvue de lien avec l'Histoire. Cela dit, nous ne voulons pas être marqués par notre culture au point de sacrifier les vérités de l'Évangile. Alors comment conserver un juste équilibre ?

- Pour répondre à cette question, disons que nous ne pouvons pas « contextualiser » l'Évangile dans l'abstrait, à titre d'expérience purement intellectuelle. Si une Église s'efforce d'être une contre-culture pour le bien temporel et éternel des gens, elle se gardera d'une part du légalisme, qui peut accompagner un repli injustifié face à la culture ambiante, et, d'autre part, de la compromission qui est liée à une adaptation de l'Évangile à la culture ambiante. Si nous recherchons le service plutôt que le pouvoir, nous pourrons avoir une influence culturelle significative. Mais si nous recherchons le pouvoir direct et le contrôle social, nous serons absorbés, ironiquement, par les idoles que sont la richesse, le statut social et le pouvoir - des réalités que nous cherchons justement à transformer.

- L'Évangile lui-même contient la clé d'une juste contextualisation. Une contextualisation à outrance signifie que nous recherchons trop l'approbation de la culture réceptrice. Cette attitude trahit un manque de confiance dans l'Évangile. À l'inverse, une contextualisation insuffisante suggère que nous nous accrochons trop aux signes extérieurs de notre propre sous-culture. Cette approche trahit un manque d'humilité face à l'Évangile et un manque d'amour pour notre prochain.

EN QUOI L'ÉVANGILE EST-IL UNIQUE ?

L'Évangile remplit les chrétiens d'humilité et d'espérance, de douceur et de hardiesse, et ce, de façon unique. L'Évangile biblique se distingue autant des religions traditionnelles que de l'esprit séculier. Les religions opèrent selon le principe : « J'obéis, c'est pourquoi Dieu m'accepte » ; l'Évangile suit un principe diamétralement opposé : « Dieu m'a accepté en Christ, c'est pourquoi j'obéis ». L'Évangile diffère donc à la fois de l'irréligion et de la religion. On peut chercher à être son propre « sauveur et seigneur » en enfreignant la loi de Dieu, mais également en observant la loi pour mériter son salut.

L'irréligion et l'esprit séculier tendent à accentuer « l'estime de soi », qui est une affirmation de la personne dénuée d'esprit critique ; à l'opposé, la religion et le moralisme écrasent l'individu sous une culpabilité qui résulte de l'imposition de normes éthiques impossibles à respecter. L'Évangile, quant à lui, nous humilie et nous élève en même temps, puisque, en Christ, chacun de nous est simultanément juste et encore pécheur. Nous sommes à la fois plus corrompus et pécheurs que nous ne pourrions jamais le croire, et plus aimés et acceptés que nous ne pourrions jamais l'espérer.

L'esprit séculier tend à rendre les gens égoïstes et individualistes. La religion et la moralité incitent à former des groupes d'appartenance et à les rendre imbus de leur propre justice face aux autres groupes (puisqu'ils pensent avoir acquis le salut grâce à leurs propres efforts). Au contraire, l'Évangile de la grâce, centré sur un homme qui est mort pour nous alors que nous étions encore ses ennemis, enlève toute propre justice et tout égoïsme ; il nous incite à nous mettre au service des autres pour l'épanouissement temporel de tous, en particulier des pauvres, et pour leur salut. Il nous pousse à servir autrui indépendamment de ses mérites, de la même manière que Christ est venu pour nous servir (Mc 10.45).

L'esprit séculier aussi bien que la religion amènent les gens à se conformer à certaines règles de comportement, soit par motif de crainte (des conséquences du non-respect de ces règles), soit par motif d'orgueil (dans le désir de se valoriser). À l'inverse, l'Évangile incite les gens à la sainteté et au service par motif de reconnaissance joyeuse pour la grâce reçue, et par amour pour la gloire de Dieu, pour ce que Dieu est en lui-même.

QU'EST-CE QU'UN MINISTÈRE CENTRÉ SUR L'ÉVANGILE ?

Il se caractérise par :

1. Un culte en commun qui favorise l'adoration véritable.

L'Évangile change notre relation avec Dieu ; d'abord marquée par l'hostilité ou la servilité, notre relation avec Dieu est transformée en intimité et en joie. C'est pourquoi la dynamique essentielle d'un ministère centré sur l'Évangile privilégie l'adoration et la prière fervente. Lors de son culte en commun, le peuple de Dieu est touché par l'expérience unique qu'il fait de la grandeur et de la beauté de Dieu ; en retour, il donne gloire à Dieu et lui adresse la louange qui lui est due. Le culte en commun s'articule autour du ministère de la Parole. La prédication devrait expliquer le texte de l'Écriture et l'appliquer à la vie des auditeurs (« prédication textuelle »), et elle devrait être centrée sur le Christ (c'est-à-dire démontrer que tous les thèmes bibliques culminent en Christ et dans son uvre de salut). Cependant, le but ultime de la prédication n'est pas simplement d'enseigner, mais encore de conduire les auditeurs à une adoration, individuelle et collective, qui fortifie leur être intérieur et les encourage à faire la volonté de Dieu.

2. Une efficacité dans l'annonce de l'Évangile.

Puisque l'Évangile (contrairement au moralisme religieux) engendre des personnes qui ne méprisent pas ceux qui ne partagent pas leurs idées, une Église vraiment centrée sur l'Évangile devrait être remplie de membres qui répondent avec grâce aux espoirs et aux aspirations des gens en leur présentant le Christ et son œuvre de salut. Nous cultivons la vision d'une Église qui recherche la conversion des riches comme des pauvres, des gens instruits ou non, des hommes et des femmes, âgés ou jeunes, mariés ou célibataires, et de toutes les races. Nous espérons gagner les gens irréligieux et postmodernes, aussi bien que les personnes religieuses et attachées aux traditions. À cause de l'attrait qu'exerce sa communauté et de l'humilité de ses membres, une Église centrée sur l'Évangile devrait compter en son sein des personnes qui explorent le christianisme et qui cherchent à le comprendre. Elle doit les accueillir de centaines de façons différentes. Elle ne cherchera pas à les mettre à l'aise à tout prix ; en revanche, elle fera tout pour rendre son message compréhensible. De plus, les Églises centrées sur l'Évangile considéreront l'implantation d'Églises comme l'un des moyens d'évangélisation les plus efficaces.

3. **Une communauté contre-culturelle.**
Parce que l'Évangile supprime aussi bien la crainte que l'orgueil, des personnes jadis incapables de s'entendre en dehors de l'Église devraient pouvoir vivre en harmonie dans l'Église. Parce qu'il oriente notre regard vers un homme qui est mort pour ses ennemis, l'Évangile crée des liens de service plutôt que d'égoïsme. Parce que l'Évangile nous appelle à la sainteté, les membres du peuple de Dieu entretiennent entre eux, dans l'amour, des rapports de responsabilité et de discipline mutuelles. L'Évangile crée donc une communauté humaine radicalement différente de n'importe quelle société qui l'entoure.

Concernant les questions sexuelles, l'Église devrait éviter à la fois le piège de la société profane, qui idolâtre le sexe, et celui de la société traditionnelle, qui en a peur. C'est parce que l'Église est une communauté d'amour et de bienveillance pratique qu'elle exige le respect des normes bibliques de pureté sexuelle pour ses membres. Elle enseigne à ses membres de conformer leur être physique aux exigences de l'Évangile : la fidélité et la joie au sein du mariage hétérosexuel ; l'abstinence sexuelle en dehors du mariage.

Concernant la famille, l'Église devrait insister sur la vertu du mariage entre un homme et une femme, et appeler les conjoints à servir Dieu en reflétant son amour par une alliance de loyauté à vie et en enseignant les voies de Dieu à leurs enfants. L'Église doit aussi insister sur la vertu du service du Christ dans le cadre du célibat, temporaire ou permanent. L'Église doit être une communauté et une famille compatissante pour toutes les personnes qui souffrent des conséquences de la déchéance de notre sexualité humaine.

Concernant l'argent, les membres de l'Église devraient adopter le principe radical du partage économique afin qu'il n'y ait « parmi eux aucun indigent » (Ac 4.34). Ce partage doit également s'exercer dans un cadre plus large : pour promouvoir la justice sociale, les membres de l'Église devraient pratiquer une générosité radicale en matière de temps, d'argent, de soutien personnel et d'accueil, et ce, envers les pauvres, les opprimés, les immigrants et les individus économiquement ou physiquement vulnérables.

Concernant le pouvoir, l'Église prône visiblement le partage du pouvoir et l'établissement de relations entre les races, les classes et les générations qui sont éloignées et étrangères en dehors du corps de Christ. La preuve évidente de cet engagement se voit dans le fait que nos Églises accueillent de plus en plus de gens de toutes les races et de toutes les cultures. Chaque Église devrait s'efforcer de refléter la diversité de son environnement géographique local, aussi bien dans la composition de l'assemblée que dans celle de son équipe dirigeante.

4. L'intégration de la foi et du travail.

La bonne nouvelle de la Bible ne concerne pas seulement le pardon individuel, mais également le renouvellement de toute la création. Dieu a placé l'être humain dans le jardin afin qu'il prenne soin du monde matériel à sa gloire et en vue de mettre en valeur la nature et la communauté humaine. L'Esprit de Dieu ne se contente pas de convertir des individus (Jn 16.8), mais il renouvelle et cultive aussi la face de la terre (Ge 1.2 ; Ps 104.30). Par conséquent, les chrétiens glorifient Dieu non seulement par le ministère de la Parole, mais également par l'exercice de leurs professions et métiers (dans le domaine de l'agriculture, des arts, des affaires, du gouvernement, de la recherche, etc.) ; toutes ces activités sont pour la gloire de Dieu et pour le bien de la société. Beaucoup trop de chrétiens ont appris à déconnecter leurs croyances bibliques de leur façon d'exercer leur métier. L'Évangile est alors perçu comme un moyen de trouver la paix individuelle, mais non comme le fondement d'une nouvelle vision du monde, c'est-à-dire d'une interprétation globale de la réalité qui détermine tout ce que nous faisons. Or, nous avons la vision d'une Église qui prépare ses membres à vivre les implications de l'Évangile dans la sphère professionnelle - dans le domaine du travail manuel, de l'informatique, de la santé, des arts, des affaires, des médias, du divertissement, de la recherche scientifique, etc. Une telle Église ne se contente pas de soutenir l'engagement des chrétiens dans la culture, mais elle les aide, dans leurs métiers et professions, à viser l'excellence, à se conduire d'une façon distincte des non chrétiens, et à agir de manière responsable. Développer des environnements professionnels qui soient humains, empreints de créativité et marqués par l'excellence, c'est apporter à la création de Dieu, en vertu de notre compréhension de l'Évangile, une certaine mesure de guérison, par la puissance de l'Esprit. L'expression de la joie, de l'espérance et de la vérité chrétiennes dans le domaine des arts fait également partie de cette œuvre de guérison. Nous faisons tout cela parce que l'Évangile de Dieu nous y pousse, tout en reconnaissant que la restauration finale de toutes choses attend le retour personnel et corporel du Seigneur Jésus-Christ (*Confession de foi*, article 13).

5. La pratique de la justice et de la miséricorde.

Dieu a créé le corps et l'âme, et la résurrection de Jésus montre qu'il rachètera l'être humain dans sa double dimension spirituelle et matérielle. C'est pourquoi Dieu ne s'intéresse pas seulement au salut des âmes, mais également à la lutte contre la pauvreté, la faim et l'injustice. L'Évangile ouvre nos yeux sur le fait que toutes nos richesses (même celles pour lesquelles nous avons travaillé dur) sont en tout état de cause des dons immérités de Dieu. C'est pourquoi la personne qui ne donne pas généreusement de ses richesses aux autres fait non seulement preuve d'un manque de compassion, mais se révèle injuste. Le Christ a gagné notre salut en perdant sa vie, a manifesté sa puissance dans la faiblesse et le service, s'est enrichi en s'appauvrissant. Ceux qui reçoivent son salut ne sont pas ceux qui sont forts et sûrs d'eux-mêmes, mais ceux qui admettent leur pauvreté et leur état de perdition. Nous ne pouvons pas simplement jeter un regard sur le pauvre et l'opprimé et leur dire avec dureté de se sortir eux-mêmes de leurs difficultés. Ce n'est pas ainsi que Jésus a agi avec nous. L'Évangile remplace l'esprit de supériorité à l'égard du pauvre par la miséricorde et la compassion. Au plan local, les Églises chrétiennes doivent œuvrer avec un esprit de service, en vue de la justice et de la paix, alors même qu'elles appellent les gens à se convertir et à naître de nouveau. Nous devons agir en vue du bien éternel et du bien commun et montrer à ceux qui nous entourent que nous les aimons en nous sacrifiant pour eux, qu'ils deviennent croyants ou non. L'indifférence à l'égard du pauvre et du défavorisé signifie que nous n'avons pas vraiment compris que nous avons été sauvés par pure grâce.

CONCLUSION

Cette forme de ministère, que nous avons exposée à grands traits, ne se rencontre pas fréquemment. Nombre d'Églises qui orientent leur ministère en fonction des personnes en recherche (« seeker-driven ») aident quantité de personnes à trouver le Christ. Bon nombre d'Églises participent activement à la culture au moyen de l'activisme politique. Il existe également un mouvement charismatique en pleine expansion dont l'accent passionné porte sur l'expression glorieuse et ardente de l'adoration lors des cultes. Beaucoup d'assemblées, grandement soucieuses de rigueur doctrinale et de pureté morale, déploient des d'efforts considérables pour se séparer du monde. On compte également de nombreuses Églises qui ont choisi de s'engager de manière radicale en faveur des pauvres et des marginaux.

Cependant, nous ne rencontrons pas assez d'Églises qui incarnent individuellement cet équilibre complet, inspiré de l'Évangile, qui permet une démarche d'ensemble telle que nous l'avons esquissée ici. Il est vrai que l'on voit, par la grâce de Dieu, un nombre encourageant de points lumineux dans l'Église; cependant, nous ne décelons pas encore un mouvement de vaste amplitude qui met en avant ce ministère véritablement centré sur l'Évangile. Nous croyons que l'équilibre que nous exposons ici donnera naissance à des Églises caractérisées par une prédication profonde et qui nous engage quant à son contenu théologique, une évangélisation et une apologétique dynamiques ; il favorisera aussi la croissance des Églises et l'implantation de nouvelles Églises. Celles-ci insisteront sur la repentance, le renouvellement personnel et une vie sainte. Parallèlement, dans les mêmes assemblées, on notera une participation aux structures sociales de la vie courante et à la culture en général - dans le domaine des arts, des affaires, de la recherche et des gouvernements. Tous les membres des

Églises seront appelés à constituer une communauté chrétienne percutante, à partager leurs richesses et leurs ressources, à faire de la place pour les pauvres et les laissés-pour-compte. Toutes ces priorités se combineront harmonieusement et se renforceront mutuellement dans chaque Église locale.

Qu'est-ce qui pourrait amorcer un mouvement croissant d'Églises centrées sur l'Évangile ? La réponse par excellence est évidente : il faut que, pour sa propre gloire, Dieu lui-même suscite un réveil spirituel en réponse à la prière fervente, insistante et constante de son peuple. Cela dit, nous croyons aussi qu'il existe des étapes préliminaires à franchir. Nous pouvons nous attendre à de grandes choses si nous nous mettons d'accord sur la nature de la vérité, sur la meilleure manière de lire la Bible, sur nos liens avec la culture, sur le contenu de l'Évangile et sur ce qui doit constituer un ministère véritablement centré sur l'Évangile. Nous sommes convaincus que de tels engagements nous pousseront avec une nouvelle ardeur vers l'Écriture, vers le Christ de l'Écriture, vers l'Évangile du Christ, et que nous pourrons alors voir se développer dans nos Églises, par la grâce de Dieu, notre capacité à « marcher droit selon la vérité de l'Évangile » (Ga 2.14).

Nous avons honte de nos péchés et de nos manquements, nous sommes infiniment reconnaissants pour le pardon obtenu, et nous désirons ardemment redécouvrir la gloire de Dieu et ressembler à son Fils.

COLIN SMITH

est le pasteur principal de la Orchard Evangelical Free Church à Arlington Heights, dans l'Illinois, depuis 1996. Il est l'auteur de The 10 Greatest Struggles of Your Life et peut être entendu dans le cadre de l'émission Unlocking the Bible sur la chaîne de radio Moody.

Le projet de Dieu

COLIN SMITH

Certains pensent que Dieu avait un merveilleux plan pour le monde, mais que les choses ont très mal tourné. Dieu s'est alors vu dans l'obligation de recourir à une initiative coûteuse pour réparer le gâchis. Mais ce n'est pas ce qu'enseigne la Bible.

Dieu n'agit pas à l'instar des gouvernements, réagissant à des situations imprévues en s'adaptant, au risque de conséquences non maîtrisées. Il ne se comporte pas à la manière d'un scientifique qui tâtonne au gré de ses expériences ou comme un homme d'affaires qui réussit en trouvant l'idée qui comble un besoin naissant.

Le plan de Dieu a toujours été de conduire des pécheurs à la vie éternelle par l'œuvre de Christ. La vie éternelle a été « promise avant tous les siècles par le Dieu qui ne ment point, et qui a manifesté sa parole en son temps » (Tit 1.2-3).

Avant même de créer le monde, Dieu a vu la joie qui résulterait du salut d'un grand nombre de pécheurs de tous milieux, de tous continents et de toutes générations à travers l'histoire du monde. Et tout en sachant ce que cela lui coûterait, il a décidé de le mettre en œuvre.

Voilà pourquoi la Bible parle de Christ comme de « l'Agneau [ ] immolé dès la fondation du monde » (Ap 13.8). Dieu ne se propose pas de faire mourir Christ sur la croix pour remédier à la victoire de Satan dans le jardin d'Éden, ou en dernier recours, lorsqu'il devient manifeste que les hommes ne sont pas capables de répondre aux exigences du Décalogue. Depuis le commencement, Dieu projette de racheter les pécheurs de toutes les nations par Jésus-Christ.

Le plan de Dieu est à mille lieues des nôtres. Quand je dis : « Je te verrai pour le petit-déjeuner mardi prochain », je sous-entends : « en supposant que je sois en vie, que je dispose d'un moyen de transport, que je n'aie rien de plus urgent à faire et que le restaurant soit ouvert et serve le petit-déjeuner, on se verra mardi ».

Nos projets sont conditionnels. Ils dépendent de la tournure des événements et de notre capacité à les réaliser. Bon nombre de paramètres de notre vie sont hors de notre portée.

Mais Dieu est souverain. Il est en mesure d'accomplir son propre projet, à son heure, par sa puissance, et personne ne peut s'y opposer. Dieu sait exactement ce qu'il fait à chaque moment de l'histoire, dans quelque pays que ce soit et dans chaque événement de notre vie.

Cette constatation devrait nous être d'un grand réconfort. Rien de ce que nous avons pu faire jusqu'ici n'a pris Dieu au dépourvu. Rien de ce qui nous est arrivé ne lui a échappé. Rien de ce que nous faisons et rien de ce qui nous arrive ne peut empêcher Dieu d'accomplir son plan ou même de le ralentir. Voilà la signification de la souveraineté de Dieu.

Dieu sait exactement ce qu'il fait. Vous pouvez être certain que rien dans votre vie n'est un tourbillon incontrôlable ou le fruit du hasard, mais que Dieu, dans son amour pour vous, tient toutes choses entre ses mains. Les chrétiens se réjouissent à l'idée que le plan de Dieu servira à manifester au mieux sa gloire et donnera à son peuple le plus de joie possible.

Je vous invite à vous joindre à moi pour parcourir, en faisant quelques arrêts-clés, le grand récit de la Bible, dans lequel Dieu révèle la splendeur de son dessein époustouflant qui, de l'éternité passée à l'éternité future, englobe toute l'histoire de l'humanité. Commençons par l'Ancien Testament, dans lequel Dieu esquisse son plan. Ensuite, nous considérerons les Évangiles, afin de voir comment Jésus-Christ a rempli toutes les conditions nécessaires à l'accomplissement du plan de Dieu. Nous terminerons par les épîtres du Nouveau Testament et nous réjouirons de constater comment le Saint-Esprit applique toutes les promesses de Dieu et l'œuvre de rédemption de Christ à la vie de tous ceux qui lui appartiennent.

DIEU FAIT UNE PROMESSE : LE RÉCIT DE L'ANCIEN TESTAMENT

Dieu révèle son plan au moyen de sept initiatives qui regorgent de promesses pour l'ensemble de son peuple.

La création

« Au commencement Dieu créa les cieux et la terre » (Ge 1.1). Essayez d'imaginer le néant. C'est pratiquement impossible ! Mais avant que le monde ne soit créé il n'existait rien, à part Dieu. Dieu crée toutes choses et toutes choses lui appartiennent. « À l'Éternel la terre et ce qu'elle renferme, le monde et ceux qui l'habitent » (Ps 24.1).

Considérez à nouveau le monde actuel que Dieu a créé. Regardez le ciel : il proclame l'ouvrage de ses mains. Écoutez le chant des oiseaux : il témoigne des tendres soins de Dieu. Chaque flocon de neige rend compte de sa majesté. Chaque lever de soleil nous parle de sa fidélité. « Les cieux racontent la gloire de Dieu, et l'étendue manifeste l'œuvre de ses mains. [...] Ce n'est pas un langage, ce ne sont pas des paroles dont le son ne soit point entendu » (Ps 19.2-4).

La création tout entière reflète la gloire de Dieu, cependant Dieu fait quelque chose de totalement nouveau quand il crée le premier homme et la première femme. Nous le savons car Dieu dit : « Faisons l'homme à notre image, selon notre ressemblance, et qu'il domine sur les poissons de la mer, sur les oiseaux du ciel, sur le bétail, sur toute la terre, et sur tous les reptiles qui rampent sur la terre » (Ge 1.26).

Dieu fait l'homme et la femme à son image. C'est pour cette raison que vous êtes différent d'une plante, d'un animal, d'un poisson ou d'un oiseau. Ils sont tous créés *par* Dieu, mais seuls les êtres humains sont faits *comme* Dieu. C'est ce qui donne à la vie humaine une valeur unique.

Dieu a choisi de vous amener à l'existence. Il n'a jamais créé quelqu'un d'identique à vous avant, et il ne le fera jamais. Vous n'êtes pas né par accident. Votre vie n'est pas le produit du hasard. Vous avez été créé par Dieu et vous avez été créé pour Dieu. Le but ultime de votre vie, c'est de refléter une facette particulière de Jésus-Christ. Vous avez été fait dans le but de glorifier Dieu et de jouir de sa présence pour l'éternité.

Quelle est la promesse de Dieu ? *Il a promis de donner la vie à ceux qui reflètent sa gloire.*

La Bible n'explique jamais entièrement l'origine du mal ; elle nous révèle simplement que Dieu place l'homme et la femme dans un jardin où tout est parfait. Les arbres leur procurent la nourriture ; leur travail les comble ; leur intimité et leur joie conjugales sont sans faille. De plus, ils vivent en communion avec Dieu, le voient et peuvent se promener en sa compagnie dans le jardin.

Dans ce jardin, un arbre est appelé « l'arbre de la connaissance du bien et du mal », et Dieu leur dit de ne pas manger de cet arbre (Ge 2.17). Puisque tout ce qu'ils connaissent est bon, le seul gain qu'ils puissent retirer de la désobéissance à Dieu est de connaitre le mal.

Un serpent se présente à eux, les incitant à découvrir le mal, et c'est ce qu'ils choisissent de faire. En désobéissant à Dieu, ils découvrent la connaissance du mal, et nous en sommes tous affectés depuis lors. Mais Dieu prend les choses en main et fait une autre promesse.

La destruction

Dieu dit au serpent : « Tu seras maudit » (Ge 3.14). Maudire signifie vouer à la destruction. Dieu dit en fait au serpent : « Ce que tu as fait là ne subsistera pas. Tu seras détruit et tout ce qui est mal sera anéanti avec toi ». La malédiction de Dieu sur le serpent nous ouvre le chemin de l'espoir.

Puis Dieu dit à Adam : « Le sol sera maudit à cause de toi » (Ge 3.17). La terre n'a rien fait de mal ! Adam mérite la malédiction à cause de son péché. Mais Dieu la détourne de l'homme et de la femme et en frappe la terre. Ainsi, ils ne seront pas détruits en même temps que le serpent et pourront être réconciliés avec Dieu.

Quelle est la promesse de Dieu ? *Dieu promet d'éradiquer le mal et de débarrasser le monde de sa malédiction.*

Comment ? Dieu dit au Malin : « Je mettrai inimitié entre toi et la femme, entre ta postérité et sa postérité : celle-ci t'écrasera la tête, et tu lui blesseras le talon » (Ge 3.15).

L'humanité sera toujours en conflit avec le mal. La démonstration en est faite par chaque personne, quels que soient son milieu et l'époque à laquelle elle vit. Mais Dieu parle d'une descendance, de quelqu'un qui sera issu de la lignée humaine dans la suite des temps et qui naîtra d'une femme. Il sera à nos côtés. Il prendra part avec nous à ce grand conflit et combattra à notre place contre toutes les puissances du mal. Satan le blessera au talon, mais notre champion écrasera la tête du serpent.

La vie d'Adam et d'Ève se poursuit hors du jardin d'Éden. La grâce de Dieu leur épargne l'application immédiate du jugement et leur procure l'espérance d'une restauration future, mais ils découvrent rapidement que le mal introduit par leur désobéissance provoque des changements dévastateurs en eux et autour d'eux.

La première famille humaine est déchirée quand Caïn assassine son frère Abel et passe le restant de sa vie dans la crainte de représailles (Ge 4). La connaissance du mal était déjà un handicap, puisqu'elle a séparé l'homme et la femme d'avec Dieu. À présent, elle désintègre une famille.

Comme la violence va croissant, les hommes se rassemblent pour construire une ville dans l'espoir que la sécurité d'une collectivité résoudra le problème (Ge 11). Mais ce qui, au début, suscite de grands espoirs conduit finalement à la déception lorsque les gens sont dispersés au nord, au sud, à l'est et à l'ouest, mus par la crainte et divisés par la barrière des langues.

Mais du milieu des tribus et nations naissantes, Dieu choisit un homme.

L'élection

« Je te bénirai [ ] et tu seras une source de bénédiction. [ ] Toutes les familles de la terre seront bénies en toi » (Ge 12.2-3). Abraham ne sait absolument rien de Dieu. C'est un adorateur d'idoles qui vit dans une obscurité spirituelle totale (Jos 24.2). Mais Dieu fait irruption dans sa vie sans y être invité et le transforme durablement.

Si Dieu attendait que nous le cherchions, il attendrait longtemps. « Nul ne cherche Dieu » (Ro 3.11). Personne ! Par nature, nous fuyons Dieu. Si nous le cherchons, c'est bien parce qu'il prend lui-même l'initiative de nous chercher et de nous attirer à lui.

Dieu fait comprendre à Abraham que c'est précisément cela qu'il veut faire dans la vie de gens de toutes les nations du monde. Dieu rassemble un seul peuple à partir de gens de races, de langues, de niveaux d'instruction et de revenus différents ; et il les amènera à la pleine connaissance de sa bénédiction.

Quelle est à présent la promesse de Dieu ? *Dieu promet de bénir des individus de toute nation.*

Ce ne sera pas Abraham lui-même, ni l'ensemble de ses descendants, qui seront les vecteurs de cette bénédiction s'étendant à toutes les nations, mais un rejeton, surnommé « la descendance », qui fera partie de la postérité d'Abraham (Ga 3.16). Voilà pourquoi l'Ancien Testament relate l'histoire des descendants d'Abraham.

Abraham et Sarah avancent en âge et n'ont pas d'enfants. Mais, par la grâce de Dieu, Sarah devient miraculeusement enceinte et donne naissance à Isaac alors qu'elle est déjà très âgée. Le fils d'Isaac, Jacob, aura lui-même douze fils, desquels sont issues les douze tribus d'Israël.

Dieu prend tout particulièrement soin de cette famille en pleine expansion. Quand la famine menace la vie de ses membres, Dieu pourvoit à leur nourriture en Égypte. Par la suite, Dieu les bénit en multipliant leur nombre, de sorte qu'en quatre siècles, cette grande famille d'environ soixante-dix personnes deviendra une communauté comptant environ deux millions d'âmes.

Le peuple de Dieu est méprisé alors qu'il s'accroît en nombre. On traite ses membres avec une grande cruauté et les Égyptiens en font leurs esclaves. Mais Dieu voit leur souffrance et il a compassion d'eux.

La rédemption

« L'Éternel dit : J'ai vu la souffrance de mon peuple qui est en Égypte. [ ] Je suis descendu pour le délivrer [ ] et pour le faire monter [ ] dans un pays où coulent le lait et le miel » (Ex 3.7-8). Dieu suscite un homme nommé Moïse et l'envoie vers le souverain païen d'Égypte avec le message suivant : « Laisse aller mon peuple » (Ex 5.1). Mais le roi ne reconnait pas l'autorité de Dieu, il refuse d'obéir à son ordre et s'expose ainsi au jugement divin. Dieu envoie une suite de plaies qui conduisent à un châtiment générateur de morts dans le pays tout entier.

Mais avant que Dieu n'envoie le jugement, il donne un ordre et une promesse à son peuple : chaque famille doit tuer un agneau, en prendre le sang et l'appliquer aux montants et au linteau des portes de sa maison pour signifier que la mort y est déjà passée (Ex 12.7). Puis Dieu leur dit : « Je verrai le sang et je passerai par-dessus vous » (Ex 12.13).

Pendant la nuit de la Pâque, le sacrifice auquel Dieu a pourvu délivre son peuple de l'esclavage et le fait échapper à son jugement. Après cet événement, Dieu fait une alliance avec lui : « Je marcherai au milieu de vous, je serai votre Dieu, et vous serez mon peuple » (Lé 26.12).

Dieu donne à son peuple des commandements et institue des sacrifices. Nous avons besoin des commandements car Dieu nous appelle à marcher dans ses voies. Ceux qui portent son nom sont tenus de refléter son caractère. Mais le peuple de Dieu a besoin de quelque chose de plus que des commandements. Même en faisant de notre mieux, nous restons des pécheurs, loin d'atteindre la gloire de Dieu. Nous avons donc besoin de sacrifices.

Le peuple de Dieu a été délivré du jugement divin par l'offrande du sang d'un agneau immolé. De même, sa communion avec Dieu est rendue possible par un sacrifice offert pour ses péchés. Quelle est donc maintenant la promesse de Dieu ? *Dieu promet de réconcilier les pécheurs avec lui-même au moyen d'un sacrifice.*

Cet arrangement ne satisfait pas le peuple de Dieu ; ses membres veulent un roi. Dieu leur donne le roi qu'ils réclament, mais le résultat est un désastre. Alors Dieu leur donne le roi de son choix, auquel il fait une promesse merveilleuse.

La domination

« J'élèverai ta postérité après toi, celui qui sera sorti de tes entrailles, et j'affermirai son règne. Ce sera lui qui bâtira une maison à mon nom, et j'affermirai pour toujours le trône de son royaume » (2 S 7.12-13).

Au temps du roi David, le peuple de Dieu a un avant-goût de sa bénédiction, d'une manière qui surpasse tout ce qu'il a connu jusqu'ici. Ses ennemis lui sont soumis, ses frontières sont sûres ; il connaît la prospérité. Mais que se passera-t-il après le règne de David ? Tout père désire ce qu'il y a de meilleur pour son fils. Aussi David accorde-t-il toute son attention à Dieu quand celui-ci lui parle de sa descendance : Dieu promet d'accorder une place élevée au propre fils de David et d'affermir son royaume. Ce fils va réaliser le rêve de David de bâtir une maison à la gloire de Dieu.

Ensuite, Dieu fait une promesse si merveilleuse que David est obligé de s'asseoir pour pouvoir l'assimiler. Dieu promet d'affermir *pour toujours* le trône du fils de David, puis il dit : « Je serai pour lui un père, et il sera pour moi un fils » (2 S 7.14). Le premier fils visé est le descendant direct de David, Salomon, qui va succéder à son père sur le trône. Mais la promesse d'une descendance perpétuelle à David, selon 2 Samuel 7.16, anticipe l'arrivée d'un fils qui surpassera de loin David et Salomon. Comment un royaume peut-il durer éternellement ? Et comment le fils de David sera-t-il également le Fils de Dieu ?

En parcourant l'Ancien Testament, nous obtenons progressivement une vue d'ensemble du plan de Dieu et de l'individu qui va accomplir ce que Dieu promet : accorder la vie à un peuple qui reflétera sa gloire, détruire le mal et débarrasser le monde de la malédiction, bénir des gens de toutes les nations et réconcilier les pécheurs avec lui-même en pourvoyant à un sacrifice pour les péchés.

Celui qui va accomplir cette promesse naîtra d'une femme ; il sera de la semence d'Abraham et un descendant de David, un roi qui amènera la bénédiction du règne de Dieu. Dieu sera son Père, et il sera le Fils de Dieu. Celui-là affermira son trône pour toujours. Quelle est donc maintenant la promesse de Dieu ? *Dieu promet que son peuple vivra sous la bénédiction de son règne pour toujours.*

À David succède une lignée de rois, dont certains sont bons, mais dont la plupart sont mauvais. *Le peuple de Dieu adore des dieux étrangers et marche dans leurs voies.* Dieu envoie des messagers, appelés aussi « prophètes », pour ramener son peuple à l'obéissance. Mais dans l'ensemble, leur message n'est pas entendu. Dieu, qui reste fidèle à sa parole, doit donc recourir à la discipline et corriger son peuple.

La correction

« Mais voici ce que dit l'Éternel : Dès que soixante-dix ans seront écoulés pour Babylone, je me souviendrai de vous, et j'accomplirai à votre égard ma bonne parole, en vous ramenant dans ce lieu. Car je connais les projets que j'ai formés sur vous, dit l'Éternel, projets de paix et non de malheur, afin de vous donner un avenir et de l'espérance » (Jé 29.10-11).

Le pays que Dieu a donné à son peuple est envahi par des ennemis, et le peuple de Dieu doit partir en exil. Il vit à Babylone sous la discipline de Dieu et verse beaucoup de larmes de regrets et de repentance pendant soixante-dix ans.

Pourtant, même durant ce temps d'intense discipline, Dieu fait avancer son plan pour son peuple. Dieu nous reçoit avec nos péchés, mais il ne nous laisse jamais dans nos péchés. Il insiste inlassablement pour que nous suivions ses voies et ne cesse de nous corriger quand nous nous en éloignons. Que promet Dieu à présent ? *Dieu promet que son peuple entier marchera dans toutes ses voies.*

Lorsque l'œuvre de rédemption de Dieu sera complète dans votre vie, vous aimerez Dieu de tout votre cœur, de toute votre pensée, de toute votre âme et de toute votre force, vous aimerez votre prochain comme vous-même et vous partagerez la joie de cet amour avec l'ensemble du peuple de Dieu pour toujours.

En attendant ce jour, Dieu ne se satisfait pas de voir les siens persister dans des péchés qu'il nous a clairement demandé d'abandonner. Le but de Dieu n'est pas de conduire des pécheurs inchangés et égocentriques vers les délices de la vie éternelle. Dieu nous appelle à l'obéissance et, quand nous résistons à son appel, nous devons nous attendre à subir sa bienveillante discipline, qui s'oppose à notre laisser-aller.

Après soixante-dix ans, Dieu ramène son peuple humilié dans le pays promis. Cette restauration est un miracle de la grâce de Dieu, qui avait paru impossible. Et Dieu donne à un homme la vision de ce qu'il est sur le point de faire.

La restauration

« Il me dit : Fils de l'homme, ces os, c'est toute la maison d'Israël. Voici, ils disent : Nos os sont desséchés, notre espérance est détruite, nous sommes perdus ! Prophétise donc, et dis-leur : Ainsi parle le Seigneur, l'Éternel : Voici, j'ouvrirai vos sépulcres, je vous ferai sortir de vos sépulcres, ô mon peuple, et je vous ramènerai dans le pays d'Israël. Et vous saurez que je suis l'Éternel » (Éz 37.11-13).

Les promesses de Dieu sont tellement extraordinaires que la foi en est prise de vertige. C'est ce qui se passe pour le peuple de Dieu du temps d'Ézéchiel. Jérusalem est en ruines ; la plupart de ses habitants se sont enfuis ou ont péri et les survivants sont en exil à Babylone, sous un régime qui n'a nulle intention de les laisser partir.

Le peuple de Dieu connait ses promesses, mais la destruction du mal, la bénédiction de toutes les nations et les joies du règne davidique lui semblent à mille lieues de son quotidien pénible. Le peuple de Dieu trouve difficile de chanter ses louanges dans cet étrange pays.

Alors Dieu donne à Ézéchiel une vision dans laquelle il voit une vallée remplie d'ossements desséchés. Cette image reflète les sentiments du peuple de Dieu, qui pense que la situation est désespérée : « Nos os sont desséchés, notre espérance est détruite, nous sommes perdus ! » (Éz 37.11).

Dans la vision, Ézéchiel parle aux ossements de la part de Dieu et, au moment même, les os se rassemblent. Puis ils se recouvrent de nerfs, de chair et de peau ; l'Esprit de Dieu insuffle alors la vie à ces corps inanimés, de la même manière qu'il le fit pour Adam. Dieu fait surgir une vie nouvelle hors du tombeau. Que promet Dieu désormais ? *Dieu promet une vie de résurrection.*

Conclusion

L'Ancien Testament est le récit des merveilleuses promesses de Dieu. Revenez en arrière et essayez de vous en imprégner :

1. Dieu promet de donner la vie à ceux qui reflètent sa gloire.
2. Dieu promet d'éradiquer le mal et de débarrasser le monde de sa malédiction.
3. Dieu promet de bénir des individus de toute nation.
4. Dieu promet de réconcilier les pécheurs avec lui-même au moyen d'un sacrifice.
5. Dieu promet que son peuple vivra sous la bénédiction de son règne pour toujours.
6. Dieu promet que son peuple entier marchera dans toutes ses voies.
7. Dieu promet une vie de résurrection.

À tout point de vue, ce sont des promesses étonnantes. Seul Dieu peut les faire et lui seul peut les accomplir. Pour découvrir comment il s'y prend et ce que ces promesses peuvent signifier pour vous, voyons ce que dit le Nouveau Testament.

CHRIST ACCOMPLIT LA PROMESSE : LE RÉCIT DES ÉVANGILES

Dieu a fait des promesses si grandioses qu'elles n'étaient réalisables que par lui-même, c'est pourquoi il s'est incarné en Jésus-Christ. Le Créateur intègre sa propre création. Dieu vient, se met à notre niveau, agit en notre faveur pour accomplir sa propre promesse.

La Parole qui était avec Dieu et était elle-même Dieu, et par laquelle toutes choses ont été faites, est devenue chair et a vécu parmi nous (Jn 1.2, 14). Les Évangiles nous relatent ce que Jésus a accompli pour les siens.

L'incarnation

« L'ange lui répondit : Le Saint-Esprit viendra sur toi et la puissance du Très-Haut te couvrira de son ombre. C'est pourquoi le saint enfant qui naîtra de toi sera appelé Fils de Dieu » (Lu 1.35).

L'ange annonce à Marie que Jésus sera le « Fils du Très-Haut » et « le Fils de Dieu » (Lu 1.35), et Matthieu rapporte qu'il est « Dieu avec nous » (Mt 1.23). Jean le décrit comme la « Parole […] faite chair » (Jn 1.14).

Dieu formule sa promesse au moyen de mots. Puis, quand sa Parole devient chair, sa promesse prend effet. Ce que Dieu promet, il est seul capable de l'accomplir. C'est la raison pour laquelle la louange et les actions de grâces des chrétiens sont si intimement liées à la confession de foi selon laquelle Jésus-Christ est à la fois Dieu et homme. Christ est né comme nous sommes nés, pour vivre notre vie et pour subir notre mort. Il est venu à nous, est avec nous afin d'agir pour nous. En tant que Dieu, il accomplit ses promesses ; en tant qu'homme, il accomplit ce que Dieu nous a promis.

L'ange annonce également la sainteté de Jésus : « le saint enfant » (Lu 1.35). Voici quelque chose qui ne s'est jamais vu au cours de l'histoire de ce monde et qui ne se verra jamais plus : un homme qui soit saint par nature. Cet homme a le droit d'être un citoyen du ciel et, parce qu'il est Dieu, il est capable d'y emmener d'autres personnes avec lui.

L'union de Dieu et de l'homme en Jésus-Christ, le Saint, nous ouvre les portes de l'espérance. Jean Calvin l'exprime merveilleusement bien :

> En somme, puisque Dieu seul ne pouvait pas connaître la mort et puisque l'homme ne pouvait pas la vaincre,

il a lié la nature humaine à la sienne pour soumettre la faiblesse de la première à la mort et nous purifier ainsi en payant pour nos forfaits ; et, pour nous faire triompher par la puissance de la seconde [c'est-à-dire la nature divine], il a soutenu à notre place les combats contre la mort[1].

Voilà le but de l'incarnation. Seul Dieu fait homme est en mesure d'accomplir ses promesses faites aux êtres humains. La naissance du Saint venu de Dieu conduit à la vie parfaite et exempte de péché de notre Seigneur Jésus-Christ.

La tentation

« Jésus, rempli du Saint-Esprit, revint du Jourdain, et il fut conduit par l'Esprit dans le désert, où il fut tenté par le diable pendant quarante jours » (Lu 4.1-2). Christ est confronté à Satan quand il est conduit par l'Esprit pour être tenté par le diable, et là où Adam a chuté, Christ triomphe. Le diable tente Jésus par trois fois, ainsi qu'il l'a fait pour Adam et Ève. Les parallèles sont évidents, mais ne négligeons pas les différences.

L'environnement est clairement différent. Ève et Adam ont été confrontés à la tentation dans un jardin rempli d'arbres qui regorgeaient de fruits procurant de la nourriture. Christ, lui, se trouve dans un désert où il n'y a rien à manger alors qu'il est affamé.

La source de l'initiative est autre. Satan s'est approché de la femme dans le jardin. Jésus, lui, va à la rencontre de Satan dans le désert. Le Saint-Esprit le conduit vers la confrontation avec le diable. Christ traque pour ainsi dire Satan, le débusque et prend l'initiative de la confrontation.

Mais la différence majeure, c'est le dénouement. Là où Adam a failli, Christ triomphe. Après avoir soumis Jésus aux tentations les plus raffinées, Satan bat en retraite en attendant « un moment favorable » (Lu 4.13). De toute évidence, vaincre le Saint par la tentation est une impossibilité.

Le triomphe de Christ sur la tentation est d'une très grande signification pour nous. La faute d'Adam nous a amené le malheur. Il a transmis les conséquences de son échec à tous ses descendants. Nous sommes héritiers de la nature pécheresse d'Adam. Nous partageons son échec. Nous sommes « sous l'emprise du péché » (Ro 3.9).

Mais la victoire de Christ nous apporte l'espérance. De même qu'Adam a infecté tous ses descendants par les conséquences de son péché, Christ fait profiter de sa victoire tous ceux qui ont obtenu de lui une vie nouvelle. Par grâce et au moyen de la foi, nous appartenons à Christ le vainqueur. Nous partageons son triomphe. Nous sommes « sous la grâce » (Ro 6.14).

La faiblesse d'Adam, qui a échoué, est en nous ; méfions-nous donc de la tentation. Par contre, la force de Christ, qui a triomphé, est aussi en nous par l'action du Saint-Esprit. Ainsi, quand nous sommes tentés, nous sommes capables de tenir ferme.

Après sa victoire dans le désert, « Jésus, revêtu de la puissance de l'Esprit, retourna en Galilée, et sa renommée se répandit dans tout le pays d'alentour » (Lu 4.14). Ce qui se passe ensuite nous aide à comprendre ce que nous expérimentons dans le monde actuel.

Le rejet

« L'Esprit du Seigneur est sur moi, parce qu'il m'a oint pour annoncer une bonne nouvelle aux pauvres ; [ ] pour proclamer aux captifs la délivrance, et aux aveugles le recouvrement de la vue, pour renvoyer libres les opprimés, pour publier une année de grâce du Seigneur. [ ] Ils furent tous remplis de colère dans la synagogue, lorsqu'ils entendirent ces choses » (Lu 4.18-19, 28).

Représentez-vous la petite foule rassemblée dans la synagogue lorsque Jésus lit les Écritures et en explique le sens. Ce sont des paroles d'espoir, mais le peuple réagit par la colère et non par la joie. Il est furieux. Dans certains milieux où Jésus-Christ exerce son ministère dans le but de venir en aide, il est rejeté dès le départ. Il s'agit là d'un thème récurrent dans les Évangiles. À une autre occasion, Jésus guérit un homme dont la main est paralysée. C'est un miracle étonnant, mais notez la réaction : les pharisiens « furent remplis de fureur, et ils se consultèrent pour savoir ce qu'ils feraient à Jésus » (Lu 6.11). Une autre fois, Jésus chasse des démons d'un homme qui terrorisait toute sa communauté par sa violence. Mais quand les gens voient l'homme qui les harcelait, assis, vêtu et ayant retrouvé la raison, ils demandent à Jésus de quitter leur région (Lu 8.37).

Ce modèle de rejet atteint son apogée lorsque la foule demande la crucifixion de Jésus. Pilate tente d'intervenir, mais « ils insistèrent à grands cris, demandant qu'il soit crucifié. Et leurs cris l'emportèrent » (Lu 23.23).

Nous vivons dans un monde qui rejette Christ. On ne peut pas comprendre le monde dans lequel on vit avant d'avoir saisi ceci : la lumière (c'est-à-dire Christ) « est venue chez les siens, et les siens ne l'ont pas reçue » (Jn 1.11).

Lorsque des catastrophes naturelles surviennent, les gens demandent : « Pourquoi Dieu n'intervient-il pas ? » Mais quand il vient et apaise la tempête, nous le rejetons. Lorsque des hommes armés terrorisent des écoles, on demande : « Pourquoi Dieu ne fait-il rien ? » Mais quand il vient et chasse des démons, on lui demande de partir. Quand une personne est atteinte d'un cancer, on demande : « Pourquoi Dieu n'intervient-il pas ? » Mais quand il vient et guérit les malades, les gens le rejettent.

« [La lumière] est venue chez les siens, et les siens ne l'ont pas reçue. » Heureusement, la phrase ne s'arrête pas là : « Mais à tous ceux qui l'ont reçue, elle a donné le pouvoir de devenir enfants de Dieu » (Jn 1.12).

Voici notre position en tant que chrétiens : nous vivons dans un monde en proie au péché et à la mort, qui rejette Christ, mais nous appartenons à une famille qui exalte Christ et jouit de la vie et de la joie. Nous expérimentons *en même temps* la souffrance de ce monde déchu et l'espérance que nous trouvons en Christ.

Alors que le monde le rejette, Jésus gravit une montagne avec trois de ses disciples.

La transfiguration

« Pendant qu'il priait, l'aspect de son visage changea, et son vêtement devint d'une éclatante blancheur » (Lu 9.29). Pierre, Jacques et Jean voient la gloire, l'éclat et la splendeur de Jésus-Christ. Ils voient ce que les anges contemplent dans le ciel et ce que chaque être humain verra un jour. Quelle est l'intensité de la lumière d'un éclair ? Jésus, que ces hommes ont appris à connaître en tant qu'ami, était et est la splendeur de la gloire du Père (Hé 1.3).

Mais il y a plus encore : « Et voici, deux hommes s'entretenaient avec lui : c'étaient Moïse et Élie qui, apparaissant dans la gloire, parlaient de son départ qu'il allait accomplir à Jérusalem » (Lu 9.30-31). Or, Moïse et Élie ont vécu sur cette terre et l'ont quittée des centaines d'années auparavant. À présent, ils se manifestent, bien vivants, et participent à la gloire de Jésus.

Puis la voix du Tout-Puissant se fait entendre au travers de la nuée : « Celui-ci est mon Fils élu : écoutez-le » (Lu 9.35). Le monde d'aujourd'hui rejette Christ. Mais Dieu vous appelle à l'écouter. Dieu l'a choisi, et il est capable d'amener des hommes morts à partager sa gloire !

Les disciples ne restent pas sur la montagne. La nuée se dissipe ; Moïse et Élie disparaissent de leur vue et le visage de Jésus reprend l'aspect qu'il avait auparavant. Les disciples sont appelés à vivre par la foi, tout comme nous, et, une fois redescendus de la montagne, ils se retrouvent dans un monde rempli de méchanceté et de profonds besoins.

La crucifixion

« Lorsqu'ils furent arrivés au lieu appelé Crâne, ils le crucifièrent là » (Lu 23.33). Notre péché atteint le summum de l'horreur et se manifeste de la manière la plus atroce à la croix. Nous avons tous désobéi aux commandements de Dieu ; puis nous avons crucifié le Fils de Dieu. Le jugement de Dieu doit tomber sur la race humaine, mais Dieu détourne la punition que nous méritons et en frappe un autre.

Quand les soldats clouent Jésus à la croix, notre Seigneur prie : « Père, pardonne-leur, car ils ne savent ce qu'ils font » (Lu 23.34). Au moment où Jésus dit cela, il prend entièrement à son compte le jugement de Dieu. Il sait que le jugement doit arriver à ce moment-là, et il arrive. Mais il prie instamment le Père : « Ne le laisse pas tomber sur eux. Mais qu'il retombe sur moi. »

Et c'est ce qui se passe au Calvaire. La punition que méritent nos péchés est reportée sur Jésus. Christ devient le « paratonnerre » qui détourne de nous le jugement, et le pardon nous est accordé par ses souffrances et sa mort à notre place sur la croix. La malédiction s'abat sur Jésus parce qu'il « a porté [ ] nos péchés » (1 Pi 2.24). Le poids de notre culpabilité est retombé sur lui (És 53.6) et il est devenu le sacrifice pour nos péchés.

La mort de Christ a changé le caractère de la mort pour tous les siens. Quand nous mourons, nous n'emportons plus nos péchés et notre culpabilité avec nous dans *notre* mort, car il les a emportés dans *sa* mort, à notre place. Si nous sommes en Christ, nous ne saurons jamais à quoi ressemble le fait de mourir chargés de nos péchés.

Au moment où notre péché a atteint l'apogée de l'horreur, l'amour de Dieu s'est manifesté dans toute sa gloire. Si vous doutez de l'amour de Dieu pour vous, alors regardez à la croix. Aucun autre amour ne peut rivaliser avec celui-là. Rien dans notre expérience ne peut s'en approcher. L'amour de Dieu pour nous, manifesté en Christ, est plus grand que tout ce dont nous pouvions rêver.

La résurrection

« Il n'est point ici, mais il est ressuscité » (Lu 24.6). Le matin de Pâques, un groupe de femmes se rend à la tombe où le corps de

Jésus a été déposé, et la trouve vide. La bonne nouvelle qu'elles entendent n'est pas : « Jésus est vivant », mais : « Il est ressuscité ». Le Fils de Dieu était vivant au ciel avant de se manifester dans un corps humain. Il aurait pu y retourner, abandonnant son corps crucifié dans la tombe. Les anges auraient pu dire : « Son corps est dans la tombe, mais ne craignez pas ; son esprit est auprès du Père dans les cieux ». Mais dans ce cas, le plan de rédemption de Dieu pour nous n'aurait pas été accompli.

Lorsque Dieu a créé les anges, il a fait d'eux des âmes sans corps, et lorsqu'il a créé les animaux, il a fait d'eux des corps sans âme. Quant à nous, il nous a créés à la fois corps et âme.

La mort sépare ce que Dieu a uni. Elle fait intervenir une rupture dans notre constitution et c'est la raison pour laquelle la mort est un ennemi si terrifiant. Mais Jésus est passé par la mort, a triomphé d'elle, puis en est revenu. Il est venu pour racheter notre vie – âme et corps - et pour remettre notre personne dans son intégrité, sans défaut et avec allégresse, à notre Père qui est dans le ciel (Jud 24).

Ensuite, Jésus ouvre l'intelligence de ses disciples afin qu'ils puissent comprendre que tout le message de la Bible repose sur sa mort et sa résurrection et en découle. Il leur dit : « Ainsi il est écrit que le Christ souffrirait, et qu'il ressusciterait des morts le troisième jour, et que la repentance et le pardon des péchés seraient prêchés en son nom à toutes les nations » (Lu 24.46-47).

Christ ne laisse planer aucune ambiguïté sur le message que les apôtres doivent annoncer : la repentance et le pardon des péchés. Se repentir signifie changer entièrement d'avis à propos de son péché, et de position vis-à-vis de Jésus-Christ. C'est arrêter de rejeter Jésus comme le fait le monde, se lever pour lui en se confiant en sa grâce et en se soumettant à son autorité.

Être pardonné, c'est être saisi par l'amour de Jésus-Christ. Il efface alors votre culpabilité, vous réconcilie avec Dieu le Père et entre dans votre vie par son Esprit - vous donnant la capacité de vivre en nouveauté de vie, dans la foi et l'obéissance auxquelles il vous appelle.

L'ascension

« Ayant levé les mains, il les bénit. Pendant qu'il les bénissait, il se sépara d'eux, et fut enlevé au ciel » (Lu 24.50-51). La dernière image que les disciples ont de Jésus, ce sont ses mains levées pour les bénir. L'œuvre expiatoire de Christ à la croix est terminée. Mais son œuvre de bénédiction envers ses disciples continue même lorsqu'il monte au ciel. Cette réalité merveilleuse s'imprègne sans doute profondément dans leur esprit à la vue de l'ascension de Christ.

Actuellement, alors qu'il se trouve à la droite de Dieu, Christ continue de bénir son peuple. Ses mains ne sont pas levées contre nous, mais pour nous. Il nous adresse non pas des paroles de condamnation, mais de bénédiction. Ce sont des paroles de vie. Quand on est « en Christ », tout ce qu'on trouve en lui devient nôtre. Sa mort expiatoire est portée à notre crédit, sa vie de résurrection devient nôtre, et un jour nous participerons également à son ascension.

« Car le Seigneur lui-même, à un signal donné, à la voix d'un archange, et au son de la trompette de Dieu, descendra du ciel, et les morts en Christ [c.-à-d. les croyants qui sont passés par la mort et sont dans la présence de Jésus] ressusciteront premièrement. Ensuite, nous les vivants […] nous serons tous ensemble enlevés avec eux […] à la rencontre du Seigneur dans les airs » (1 Th 4.16-17).

Lorsque Christ reviendra dans la gloire, tous ceux qui lui appartiennent participeront à son ascension. Le corps de ceux qui sont morts ressuscitera. Le corps de ceux qui seront encore en vie sera transformé, et le peuple de Dieu, racheté par le Christ, sera pour toujours avec lui.

Conclusion

Voici le panorama époustouflant de ce que Dieu nous promet en Jésus-Christ. Jésus est venu, a vécu, est mort et ressuscité afin que nous puissions :

1. devenir une nouvelle création, reflétant entièrement l'image de Dieu ;
2. être délivrés de la malédiction ;
3. jouir de la bénédiction de Dieu en compagnie d'une grande communauté de personnes rachetées, issues de toutes les nations ;
4. être réconciliés avec Dieu par le Christ, qui s'est offert lui-même en sacrifice pour nos péchés ;
5. vivre sous l'autorité bénie de Dieu pour toujours ;
6. marcher dans les voies de Dieu, en l'aimant de tout notre cœur et en aimant notre prochain comme nous-mêmes ;
7. ressusciter après la mort.

Dieu scelle toutes ces promesses avec son propre « oui » en Jésus (2 Co 1.20). Jésus est le feu vert à toutes les promesses de Dieu et vous pouvez avoir une entière confiance dans le fait que tout ce que Dieu a promis vous appartient en lui.

Tournons-nous à présent vers les épîtres du Nouveau Testament pour voir comment le Saint-Esprit applique à la vie des siens tout ce que Christ a accompli.

L'ÉGLISE COMMUNIQUE LA PROMESSE : LE RÉCIT DES ACTES DES APÔTRES

Avant que Jésus monte au ciel, il a promis d'envoyer le Saint-Esprit à ses disciples. Si Christ retournait vers le Père céleste, sa présence et sa puissance seraient avec eux et en eux, par le Saint-Esprit.

La promesse du Christ s'accomplit le jour de la Pentecôte. Pierre s'adresse à une grande foule, venue de toutes les nations et rassemblée à Jérusalem. Il décrit la vie, la mort et la résurrection de Jésus et, rempli du Saint-Esprit, déclare : « Dieu a fait Seigneur et Christ ce Jésus que vous avez crucifié » (Ac 2.36).

Il est clair que les gens croient ce que Pierre leur a dit. Dans le cas contraire, ils auraient argumenté ou s'en seraient allés. Mais telle n'est pas leur réaction. « Après avoir entendu ce discours [c.-à-d. le message de Pierre à propos de Jésus], ils eurent le cœur vivement touché, et ils dirent à Pierre et aux autres apôtres : Hommes frères, que ferons-nous ? » (Ac 2.37).

Pierre leur répond : « Repentez-vous » (Ac 2.38). Ceci est important. La vraie foi est empreinte de repentance, et la vraie repentance est empreinte de foi. La foi et la repentance sont comme les deux côtés d'une pièce de monnaie : on ne peut avoir l'une sans l'autre. La foi et la repentance naissent de façon simultanée, lorsqu'on voit l'amour et la miséricorde de Dieu pour nous en Jésus-Christ.

Pierre poursuit : « Repentez-vous, et que chacun de vous soit baptisé au nom de Jésus-Christ » (Ac.2.38). Pierre leur demande de s'identifier publiquement au Seigneur Jésus-Christ et de recevoir la marque, le signe, le sceau de la promesse de Dieu. Dieu promet le pardon des péchés et le don du Saint-Esprit à tous ceux qu'il appelle (Ac 2.38-39). Dieu veut vous pardonner. Il veut vous réconcilier avec lui-même. Christ veut vous donner une vie nouvelle par le Saint-Esprit, qu'il vous accordera.

Il est important de rappeler que Pierre tient ce discours dans la ville même où Jésus a été crucifié cinquante jours avant. Certains de ceux qui sont là le jour de la Pentecôte ont très bien pu se trouver dans la foule qui réclamait qu'on le crucifie, en criant : « Que son sang retombe sur nous et sur nos enfants ! » (Mt 27.25) ; c'est à ces gens que Pierre parle du pardon de Christ et du don du Saint-Esprit : « Car la promesse est pour vous, pour vos enfants, et pour tous ceux qui sont au loin, en aussi grand nombre que le Seigneur notre Dieu les appellera » (Ac 2.39).

La promesse est pour « vous ». Si vous croyez au Seigneur Jésus-Christ et que vous vous détournez de vos péchés, Dieu vous pardonnera tout ce que vous avez fait. Il vous donnera son Saint-Esprit, vous rendant ainsi capables de vous débarrasser de vos vieilles habitudes et de vivre une vie nouvelle.

La promesse est pour « vos enfants ». Cela signifie qu'elle n'est pas limitée à une génération qui vivait il y a deux mille ans. Elle n'est pas enfermée dans le passé. Cette promesse n'est jamais périmée. Elle traverse les siècles, et elle s'adresse à nous, aujourd'hui.

La promesse est pour « ceux qui sont au loin ». La promesse du pardon et d'une vie nouvelle en Jésus-Christ est pour des personnes de toutes origines. Si vous vous sentez loin de Dieu aujourd'hui, cette promesse est pour vous.

Dieu promet que des individus de toutes les nations du monde seront bénis au travers de la descendance d'Abraham. Dieu promet le pardon et une vie nouvelle en Jésus-Christ pour les gens d'Afrique, d'Asie, des Amériques, d'Europe, d'Australie et de l'Antarctique. La mission de l'Église est d'apporter cette bonne nouvelle de Jésus-Christ à chaque être humain.

La promesse est pour « tous ceux que le Seigneur appellera ». Il appelle par l'Évangile. Dieu a appelé les gens qui se trouvaient à cet endroit, lorsque Pierre parlait de Christ. Dieu vous appelle aujourd'hui quand vous lisez la bonne nouvelle de l'Évangile. Le pardon et la vie nouvelle en Jésus-Christ sont pour vous aujourd'hui.

LE SAINT-ESPRIT APPLIQUE LA PROMESSE : LE RÉCIT DES ÉPÎTRES DU NOUVEAU TESTAMENT

À quoi ressemble cette vie nouvelle en Christ ? Que se passe-t-il quand le Saint-Esprit applique la promesse de Dieu à quelqu'un qui se repent et croit ? Qu'a fait Dieu pour vous et en vous par Jésus-Christ ? Les épîtres du Nouveau Testament nous emmènent au cœur des promesses de Dieu pour nous révéler ce que nous possédons en Jésus-Christ. Je voudrais vous montrer l'étendue de l'œuvre de Dieu dans une vie humaine. Elle commence par la régénération.

La régénération : vous possédez une vie nouvelle

« Béni soit Dieu, le Père de notre Seigneur Jésus-Christ, qui, selon sa grande miséricorde, nous a régénérés, pour une espérance vivante, par la résurrection de Jésus-Christ d'entre les morts.

[...] Vous avez été régénérés, non par une semence corruptible, mais par une semence incorruptible, par la parole vivante et permanente de Dieu » (1 Pi 1.3, 23).

Lorsque Dieu crée les cieux et la terre, notre planète est informe et vide – un chaos sombre et baignant dans les eaux. L'Esprit de Dieu plane au-dessus de ces eaux (Ge 1.2) ; puis Dieu, par sa parole, transforme les ténèbres en lumière et donne vie à ce monde. Dieu a façonné la beauté de la terre.

Le même Esprit qui plane au-dessus des eaux, lors de la création, est celui qui, tel un vent, souffle dans la vie des êtres humains (Jn 3.8). Il donne la lumière à ceux qui sont incapables de voir la gloire de Christ (2 Co 4.4), et il donne une nouvelle vie à ceux qui sont spirituellement morts (Ép 2.1).

Jésus dit : « Ce qui est né de l'Esprit est esprit » (Jn 3.6). Quand le Saint-Esprit vous régénère, il change votre âme de sorte que vous aimiez Christ, lui fassiez confiance et le suiviez librement dans un nouvel esprit et avec un cœur nouveau. Jésus décrit ce miracle comme étant une « nouvelle naissance » ou une « naissance selon l'Esprit » (Jn 3.7-8). Derrière tout acte de foi se cache le miracle de la grâce régénératrice de Dieu.

La connexion entre la régénération et la foi est un mystère qui devrait nous pousser à l'adoration. Les enfants de Dieu se reconnaissent et se distinguent par la foi dans le Seigneur Jésus-Christ. » Mais à tous ceux qui l'ont reçue, à ceux qui croient en son nom, elle a donné le pouvoir de devenir enfants de Dieu » (Jn 1.12).

Mais pourquoi avez-vous cru, alors que d'autres sont incrédules ? Pourquoi avez-vous cru à tel moment et non avant ou après ? C'est Dieu qui prend l'initiative de vous régénérer. Dieu vous ouvre les yeux pour que vous voyiez la gloire de Christ. Le Saint-Esprit plane au-dessus du sombre chaos de votre vie et fait de vous une nouvelle création en Christ.

Réalisez-vous que Dieu a fait quelque chose de merveilleux dans votre âme, en vous donnant une vie nouvelle, une vie d'en haut ? Dieu vous a donné un cœur nouveau. Il a mis son Esprit en vous. Il vous a accordé une nouvelle naissance, pour une espérance vivante, au travers de la résurrection de Jésus-Christ d'entre les morts (1 Pi 1.3).

L'union : vous êtes en Christ

« Ignorez-vous que nous tous qui avons été baptisés en Jésus-Christ, c'est en sa mort que nous avons été baptisés ? Nous avons donc été ensevelis avec lui par le baptême en sa mort, afin que, comme Christ est ressuscité d'entre les morts par la gloire du Père, de même nous aussi nous marchions en nouveauté de vie » (Ro 6.3-4).

Lorsque je baptise des gens, je les plonge dans l'eau. Quand quelqu'un est baptisé du Saint-Esprit, il est immergé « dans le Saint-Esprit » et se trouve ainsi uni au Christ. Le baptême d'eau démontre la merveilleuse réalité de l'union avec Christ.

Se référant au Nouveau Testament, Martin Luther décrit l'union du croyant avec Christ, en la comparant au mariage :

> La foi [...] unit l'âme à Christ, comme une épouse est unie à son époux. Par ce mystère, comme l'enseigne l'apôtre, Christ et l'âme deviennent une seule chair. Et s'ils sont une seule chair et s'il y a entre eux un authentique mariage... alors, tout ce qu'ils ont, ils l'ont en commun Par conséquent, celui qui croit peut éprouver de la fierté et se glorifier de ce que tout ce qui appartient au Christ soit considéré comme lui appartenant[2].

Récemment, j'ai repensé aux gens qui fréquentaient l'Église dont nous nous occupions en Angleterre, et à quel point j'ai peu fait pour garder le contact avec eux. Je me suis aussi souvenu de quelques autres projets pour lesquels j'avais pris du retard, et j'ai vécu le genre de journée où l'on se dit : « Misérable que je suis ! » Le lendemain matin, ma femme Karen était assise à la table de notre salle à manger et écrivait des lettres pour Noël. Elle avait envoyé plus d'une centaine de cartes en Angleterre – chacune avec une note personnelle écrite à la main – et avait signé : « De la part de Karen et *de Colin* ».

Et me voilà, réfléchissant à ma lamentable façon de garder le contact avec ces gens, alors qu'en réalité je leur avais écrit chaque année depuis quatorze ans ! Isolément, j'avais fait preuve d'une grande négligence. Mais quand je réalise que je suis uni à ma femme, je suis plein de joie car je partage ce qu'elle a fait. Une lettre est partie, en mon nom, chaque année !

Christ a accompli pour nous ce que nous étions incapables de faire nous-mêmes. Il a vécu la vie que nous n'avions pas vécue et que nous sommes incapables de vivre. Mais lorsque nous sommes « en Christ », tout ce qu'il a fait nous appartient ; sa vie, sa mort et sa résurrection sont portées à notre compte comme si elles étaient nôtres.

Voilà ce qu'est l'union avec Christ. Pour lui, cela a consisté à être cloué à la croix. Pour nous, cela signifie être justifiés.

La justification : vous êtes déclarés justes

« Étant donc justifiés par la foi, nous avons la paix avec Dieu par notre Seigneur Jésus-Christ » (Ro 5.1). « Justifié » est un terme juridique qui s'applique à un verdict. Lorsque Dieu justifie, il déclare qu'une personne est juste. Quand il condamne, il déclare qu'une personne est coupable. La justification et la condamnation sont la reconnaissance d'une vérité incontestable.

Lorsque la justice prévaut, le coupable est puni et l'innocent est acquitté. Être acquitté ne fait pas d'un homme un innocent ; c'est son innocence qui le conduit à l'acquittement. De la même manière, être puni ne fait pas d'un homme un criminel ; c'est son crime qui le conduit à la punition.

D'un point de vue légal, nous nous attendrions à ce que Dieu condamne les pécheurs et justifie les innocents. Mais voilà quelque chose d'étonnant : Dieu justifie des *pécheurs*. Essayez de faire entrer cette énorme contradiction dans votre tête. Dieu justifie les *pécheurs* ! Comment peut-il faire cela ?

Dieu nous présente Jésus comme la propitiation pour nos péchés (Ro 3.25). Cela signifie que lorsque Jésus est mort, toute la colère et l'hostilité que Dieu éprouve de manière justifiée à l'encontre du péché, de la méchanceté et du mal ont été déversées sur lui. Jésus a bu jusqu'à la lie la coupe du jugement de Dieu. À la croix, Christ a absorbé le jugement de Dieu que méritaient nos péchés.

La foi nous unit au Christ et, lorsque nous sommes « en Jésus-Christ », Dieu met tous nos péchés à son compte et reporte sa justice sur nous. Il a porté notre condamnation, et nous sommes justifiés par lui. Par la croix, Dieu montre sa justice, de manière à être juste, tout en justifiant celui qui a la foi en Jésus (Ro 3.26).

Si Dieu justifiait uniquement les justes, comment pourrions-nous encore espérer ? La bonne nouvelle est que Dieu justifie les impies (Ro 4.5). Lorsque la foi nous unit à Jésus-Christ, la puissance de son sacrifice expiatoire devient nôtre. Nous sommes délivrés de la peur de la condamnation que méritaient nos péchés et notre culpabilité, et au bénéfice de son merveilleux amour.

L'adoption : vous êtes aimés

« Mais lorsque les temps ont été accomplis, Dieu a envoyé son Fils, né d'une femme, né sous la loi, afin qu'il rachète ceux qui étaient sous la loi, afin que nous recevions l'adoption. Et parce que vous êtes fils, Dieu a envoyé dans nos cœurs l'Esprit de son Fils, lequel crie : *Abba* ! *Père* ! Ainsi tu n'es plus esclave, mais fils ; et si tu es fils, tu es aussi héritier par la grâce de Dieu » (Ga 4.4-7).

Au travers de Christ, Dieu nous adopte au sein de sa famille et nous aime comme ses propres fils et filles. Il n'est pas possible d'expérimenter un amour comparable à l'amour que Dieu nous porte en Christ. Quelqu'un peut promettre de nous aimer « aussi longtemps que nous vivrons l'un et l'autre », mais Dieu promet de nous aimer durant notre vie, au travers de la mort et pour l'éternité.

Personne d'autre ne peut nous dire : « Je ne te délaisserai point et je ne t'abandonnerai point » (Hé 13.5).

Dieu nous aime d'un amour éternel. Cela signifie que Dieu nous a aimés avant notre naissance et même avant la création du monde. Nous étions au centre de la pensée de Christ quand il est venu dans ce monde, quand il était cloué à la croix et quand il est ressuscité des morts.

C'est l'œuvre particulière du Saint-Esprit de nous convaincre que nous sommes des enfants de Dieu tendrement aimés. « L'amour de Dieu est répandu dans nos cœurs par le Saint-Esprit qui nous a été donné » (Ro 5.5). L'Esprit nous fait expérimenter la réalité de l'amour de Dieu. Il nous connecte à la réalité de l'amour de Dieu, qui a été manifesté de façon évidente à la croix.

Un des défis que vous devrez affronter dans la vie chrétienne sera de perdre l'habitude de percevoir l'amour de Dieu sur la base des sentiments ou des circonstances. Notre instinct naturel nous pousse à ressentir l'amour de Dieu lorsque nous sommes en bonne santé, que nous avons un bon travail, et que tout va bien. Mais quand le vent commence à tourner, notre première réaction est de remettre en question l'amour de Dieu et de nous imaginer le pire.

Nous devrions plutôt nous souvenir de la démonstration colossale de l'amour de Dieu à la croix. « Lui qui n'a point épargné son propre Fils, mais qui l'a livré pour nous tous, comment ne nous donnera-t-il pas aussi toutes choses avec lui ? » (Ro 8.32).

La sanctification : vous serez saints

« Que le Dieu de paix vous sanctifie lui-même tout entiers, et que tout votre être, l'esprit, l'âme et le corps, soit conservé irréprochable, lors de l'avènement de notre Seigneur Jésus-Christ ! Celui qui vous a appelés est fidèle, et c'est lui qui le fera » (1 Th 5.23-24).

La sanctification est l'œuvre progressive par laquelle le Saint-Esprit nous fait croître dans la vie à laquelle Dieu nous appelle.

C'est là le désir et le souhait du cœur de chaque chrétien. Voici ce que dit le révérend Ryle :

> La plupart des hommes espèrent aller au ciel après leur mort ; mais peu, j'en ai peur, prennent la peine de se demander s'ils apprécieraient d'y être s'ils y sont admis. Le paradis est avant tout un lieu saint... Que pourrait y faire un impie si, par hasard, il s'y retrouvait[3] ?

John Owens dit cela en d'autres termes, que nous pouvons paraphraser ainsi :

> Il n'existe pas de pensée plus insensée ou pernicieuse que celle-ci : qu'une personne non sanctifiée, non rendue sainte dans cette vie, puisse ensuite participer à la bénédiction qui consiste à trouver son plaisir en Dieu. Une telle personne ne peut pas prendre plaisir en Dieu, pas plus qu'elle ne pourrait le considérer comme une récompense. Le processus qui conduit à la sainteté est achevé au ciel, mais il commence toujours ici-bas[4].

La justification et la sanctification vont toujours de pair en Christ, et saisir leur corrélation est crucial pour la compréhension de l'Évangile. Les deux erreurs les plus courantes consistent à les confondre et à les séparer. La confusion a lieu quand vous vous mettez à penser que votre relation avec Dieu dépend d'une certaine manière de la réussite de votre vie chrétienne. Ce n'est pas le cas. Vous êtes justifié par la foi dans l'œuvre accomplie par Christ.

La séparation se produit quand le chrétien se met à penser que parce qu'il est justifié par la foi seule, l'obéissance au Christ n'est pas vraiment importante. Elle l'est pourtant. Christ détient *en sa personne* les bénédictions de la justification et de la sanctification. Lorsque nous saisissons Christ par la foi, ces dons nous sont accordés ensemble. Personne ne possède l'un sans l'autre.

C'est pourquoi la Bible parle de « la sanctification sans laquelle personne ne verra le Seigneur » (Hé 12.14). Cela ne signifie nullement que nous sommes sauvés par notre sainteté, mais la recherche de la sainteté est la preuve que nous sommes en Christ, qui nous justifie par son sang.

Paul prie pour la sanctification des croyants : « Que le Dieu de paix vous sanctifie lui-même tout entiers » (1 Th 5.23). Nous aussi, nous devrions prier pour notre sanctification. Mais la sanctification est en même temps une promesse : « Celui qui vous a appelés est fidèle, et c'est lui qui le fera » (1 Th 5.24).

Retenons fermement cette promesse lorsque nous sommes découragés par notre manque de progrès dans la vie chrétienne. Ce que la grâce de Dieu a commencé dans notre vie sera achevé, pour sa gloire et pour notre joie. Dieu répondra au désir de notre cœur. Nous serons rendus conformes à l'image de son Fils, pour toujours (Ro 8.29).

La glorification : vous refléterez la gloire de Christ

« Quand Christ, votre vie, paraîtra, alors vous paraîtrez aussi avec lui dans la gloire » (Col 3.4). Notre vie reste pleine de contradictions. C'est vrai pour chaque chrétien. Nous aimons Christ, mais nous ressentons la pression du monde, de la chair et du diable. Nous avons confiance en Christ, mais nous combattons beaucoup de doutes et de craintes. Nous possédons une vie nouvelle en Christ, mais dans le même temps, notre corps est sujet à la maladie, au vieillissement et à la mort.

Les chrétiens sont pleins de contradictions, mais ce ne sera pas toujours le cas. Notre amour pour Christ sera rendu parfait, notre foi se changera en vue, et nous expérimenterons les joies de la vie éternelle dans un corps de résurrection. Nous serons avec Christ dans sa gloire, pour toujours.

Non seulement nous serons dans la gloire de Christ, mais sa gloire sera en nous. L'apôtre Paul nous dit : « J'estime que les souffrances du temps présent ne sauraient être comparées à la gloire à venir qui sera révélée pour nous » (Ro 8.18). Notre vie chrétienne est comme un arbre en hiver. Il a l'air nu, mais il est vivant ; et quand vient le printemps, il refleurit. Sa pleine gloire est encore à venir.

Apprendre à anticiper notre gloire future est d'un grand bénéfice pour la vie chrétienne. Nous devons nous servir de cette vérité à notre profit, lorsqu'il nous semble que tout nous est contraire. C'est ce que faisait l'apôtre Paul : « C'est pourquoi nous ne perdons pas courage [...] Car nos légères afflictions du moment présent produisent pour nous, au-delà de toute mesure, un poids éternel de gloire » (2 Co 4.16-18). L'apôtre utilise sa propre expérience pour nous apprendre comment être sûrs de ne pas perdre courage.

Dieu utilise les épreuves déconcertantes de notre vie pour façonner une image toute particulière de Christ en nous, image qui persistera pour sa gloire et notre propre joie pour toujours. Ce jour-là, tout ce que Dieu a promis nous appartiendra :

1. Nous refléterons entièrement l'image et la ressemblance de Dieu.
2. Nous serons délivrés de la malédiction du péché.
3. Nous partagerons la joie de la vie éternelle avec les rachetés de toutes les nations.
4. Nous entrerons dans la présence de Dieu, rachetés par le sang de Jésus.
5. Nous vivrons cette vie sous l'autorité bénie de Christ, dans son royaume, et cela pour toujours.
6. Nous aimerons Dieu de tout notre cœur, de toute notre âme, de toute notre pensée et de toute notre force, et notre prochain comme nous-mêmes.
7. Nous jouirons de cette vie de résurrection à laquelle nous avons part, par notre Seigneur Jésus-Christ.

L'achèvement ultime : nous verrons Dieu

« Puis je vis un nouveau ciel et une nouvelle terre ; car le premier ciel et la première terre avaient disparu, et la mer n'était plus » (Ap 21.1). Jean voit un nouveau ciel et une nouvelle terre – pas une terre différente, une nouvelle terre. La terre sera finalement débarrassée de la malédiction et libérée du joug de la dégradation (Ro 8.21).

Puis Jean voit « descendre du ciel, d'auprès de Dieu, la ville sainte, la nouvelle Jérusalem » (Ap 21.2). La ville possède des portes qui donnent sur le nord, le sud, l'est et l'ouest, ce qui indique que Dieu a accompli sa promesse de rassembler une immense communauté de gens issus de toutes les nations de la terre et de les amener à partager une vie de délices dans son royaume éternel.

Une seule image n'est jamais suffisante pour représenter la réalité glorieuse de ce que Jésus a préparé pour nous. Aussi, à côté de la ville, Jean voit l'image d'une épouse qui s'est parée pour son époux (Ap 21.2). Christ sera au centre de la joie céleste et toute notre joie sera en lui.

Jean entend une voix forte qui sort du trône céleste, disant : « Voici le tabernacle de Dieu avec les hommes ! Il habitera avec eux, et ils seront son peuple, et Dieu lui-même sera avec eux » (Ap 21.3). Tout ce qui nous sépare de Dieu aura disparu. Dieu partagera la vie éternelle avec son peuple racheté.

Dieu essuiera toute larme de nos yeux. Pour le peuple de Dieu, la tristesse fera partie des expériences du passé. Il n'y aura plus ni mort, ni plainte, ni cri, ni douleur.

Conclusion

Dieu a fait des promesses étonnantes que lui seul peut réaliser. Elles sont accomplies en Jésus, la Parole faite chair. Ces promesses comprennent la nouvelle naissance, l'union avec Christ, la justification, l'adoption, la sanctification, la glorification et la joie éternelle dans l'achèvement ultime du projet divin de rédemption.

Tout cela appartient à ceux qui sont en Jésus-Christ. Vous pouvez y avoir part. La promesse est pour vous, vos enfants et ceux qui sont au loin. Repentez-vous. Croyez au Seigneur Jésus-Christ. En croyant, vous aurez la vie en son nom (Jn 20.31).

NOTES

1. *Institution de la religion chrétienne*, 2.12.3 (l'édition citée est celle de Marie de Védrines & Paul Wells : Aix-en-Provence / Charols, Kerygma / Excelsis, 2009, p. 403).

2. Traduit de l'anglais : Martin Luther, « The freedom of a Christian », in *Martin Luther: Selections from His Writings*, ed. John Dillenberger (New York: Anchor, 1962), p. 60.

3. J.C. Ryle, *Holiness*, Chicago, Moody, 2010, p. 58-59.

4. Cité par Ryle, *Holiness*, p. 76-77.

La *Gospel Coalition*

Nous constituons un groupement de pasteurs et de responsables chrétiens profondément décidés à renouveler leur foi dans l'Évangile du Christ et à repenser leurs pratiques et leurs ministères pour les conformer entièrement aux Écritures. Nous sommes fortement préoccupés par certains mouvements issus du milieu évangélique traditionnel qui semblent actuellement relativiser la vie de l'Église et nous éloigner de nos croyances et pratiques historiques : d'une part, ces mouvements cautionnent la politisation de la foi et l'idolâtrie que constitue le consumérisme individuel ; d'autre part, on y tolère tacitement le relativisme théologique et moral. Ces dérives ont abouti à l'abandon de la vérité biblique et du style de vie transformé qui sont le reflet de notre foi historique. Non seulement nous entendons parler de ces courants, mais nous en constatons les effets sur le mouvement évangélique. Nous nous sommes donc engagés, par ces documents fondateurs, à insuffler à nos Églises un nouvel espoir et une joie contagieuse, basés sur les promesses reçues par la grâce seule, au moyen de la foi seule, en Christ seul.

Nous croyons qu'il existe au sein de nombreuses Églises évangéliques un consensus profond et largement partagé sur les vérités de l'Évangile. Nous constatons pourtant que dans nombre d'Églises la célébration de notre union avec le Christ est remplacée par l'attrait séculaire du pouvoir et de la richesse, ou par un repli quasi monastique dans l'attachement aux rites, à la liturgie ou aux sacrements. Or, ce qui tend à remplacer l'Évangile dans les Églises ne favorisera jamais une foi ardente centrée sur la mission, solidement ancrée dans la vérité, manifestée par une vie de disciple sans complexes ; une foi qui endure les épreuves et les sacrifices liés à la vocation et au ministère. Nous désirons avancer sur la Voie royale, visant constamment à apporter réconfort, encouragement et enseignement aux responsables de l'Église d'aujourd'hui et de demain afin qu'ils soient mieux équipés pour nourrir leurs ministères de principes et de pratiques qui glorifient le Sauveur et procurent du bien à ceux pour lesquels il a versé son sang.

Nous voulons susciter un élan unificateur parmi tous les peuples, un zèle pour honorer le Christ et multiplier le nombre de ses disciples, les rassemblant autour de Jésus au sein d'une authentique coalition. Une telle mission, fondée sur la Bible et centrée sur la personne de Christ, est le seul avenir viable pour l'Église. Cette conviction nous incite à nous joindre à tous ceux qui sont persuadés que la miséricorde de Dieu en Jésus-Christ est notre unique espoir de salut éternel. Nous désirons défendre cet Évangile avec clarté, compassion, courage et joie, unissant joyeusement notre c ur à celui des autres croyants par-delà les barrières confessionnelles, ethniques et sociales.

Notre désir est de servir l'Église que nous aimons en invitant tous nos frères et s urs à se joindre à nous dans cet effort pour refonder l'Église contemporaine sur l'Évangile historique de Jésus-Christ, de sorte que notre vie et nos discours soient pleinement authentiques et intelligibles pour les gens de notre époque. En tant que pasteurs, nous avons l'intention de le faire par les moyens de grâce habituels que sont la prière, le ministère de la

Parole, le baptême et la Cène, et la communion des saints. Nous désirons ardemment travailler avec tous ceux qui, non seulement acceptent notre confession de foi et notre vision, mais également soumettent l'ensemble de leur vie à la seigneurie du Christ, avec une confiance inébranlable dans la puissance de l'Esprit pour transformer les personnes, les peuples et les cultures.

Index des brochures de la Gospel Coalition

www.ingramcontent.com/pod-product-compliance
Lightning Source LLC
Chambersburg PA
CBHW060035050426
42448CB00012B/3024